ZHONGDENG ZHIYE JIAOYU

XUEXIAO JIANSHE SHIJIAN YANJIU

赵全红 刘建勋 潘 萍◎著

中等职业教育
学校建设实践研究

清华大学出版社

北 京

内 容 简 介

进入 21 世纪以来，随着我国经济社会的快速发展，我国对于专业人才的需求越来越迫切。与此同时，应用型、技术型人才的紧缺情况也变得更为严重。因此，关注应用型、技术型等人才的培养，也符合新时代发展的新方向。面对这种情况，国家将发展职业教育作为我国经济社会的重要基础和教育工作的战略重点，对中等职业教育的发展给予了政策上和资金上的支持。为此，本书主要从中等职业教育学校的发展历程、管理体系、师资队伍建设、德育管理、资源开发与利用、学生管理、科研建设管理、专业设置、资助体系等方面进行了相应的研究。

图书在版编目(CIP)数据

　中等职业教育学校建设实践研究 / 赵全红，刘建勋，潘萍 著 . —北京：清华大学出版社，2014
　ISBN 978-7-302-38719-0

　Ⅰ. ①中…　Ⅱ. ①赵…　②刘…　③潘…　Ⅲ. ①中等专业学校－学校管理－研究　Ⅳ. ①G718.3

　中国版本图书馆 CIP 数据核字(2014)第 284040 号

责任编辑：王燊娉　易银荣
封面设计：赵晋锋
版式设计：周玉娇
责任校对：曹　阳
责任印制：宋　林

出版发行：清华大学出版社
　　　　网　　址：http://www.tup.com.cn，http://www.wqbook.com
　　　　地　　址：北京清华大学学研大厦 A 座　　　　邮　编：100084
　　　　社 总 机：010 - 62770175　　　　　　　　邮　购：010 - 62786544
　　　　投稿与读者服务：010 - 62776969，c-service@tup.tsinghua.edu.cn
　　　　质量反馈：010 - 62772015，zhiliang@tup.tsinghua.edu.cn
印 装 者：三河市中晟雅豪印务有限公司
经　　销：全国新华书店
开　　本：170mm×240mm　　印　张：12.5　　字　数：224 千字
版　　次：2014 年 12 月第 1 版　　　　印　次：2014 年 12 月第 1 次印刷
定　　价：58.00 元

产品编号：062264 - 01

作者简介

赵全红,女,汉族,出生于 1968 年 8 月,大学本科,毕业于鲁东大学,教育学学士学位,现为山东省护士学校高级讲师,多年来一直从事护理教育管理工作。2009年 2 月作为副主编参与编写的《护理礼仪》被评为全国中等卫生职业教育"十一五"教改规划教材。

刘建勋,男,汉族,山东烟台人,出生于 1969 年 9 月,大学本科,毕业于烟台大学,工学学士学位,现为滨州医学院高级工程师。

潘萍,女,汉族,出生于 1970 年 9 月,大学本科,山东师范大学教育学硕士学位,现为山东省烟台护士学校高级讲师,多年来一直从事护理教育工作及科研工作,曾在《职业与健康》《中国实用护理杂志》《护理研究》等核心期刊先后发表论文十余篇。

前　言

　　职业教育作为国民教育体系以及终身教育体系之中的一个重要组成部分,是社会与经济发展的重要基础和教育工作的战略重心。加快发展中等职业教育,努力培养高素质劳动者和技能型、应用型人才,对于建设人力资源强国、促进就业、改善民生、构建和谐社会等都具有十分重要的意义。

　　我国改革开放 30 多年以来,尤其是进入 21 世纪,我国中等职业教育的发展取得了许多历史性突破。例如,2008 年,全国中等职业学校招生规模达到了 810 万人,在校生规模达到 2 056 万人,从而基本实现了中等职业教育与普通高中教育招生规模基本相当的战略目标。同时,中等职业教育坚持面向社会、面向人人办学,以服务为宗旨、以就业为导向,大力推行"工学结合、校企合作、顶岗实习"的人才培养模式,使得以学历教育与职业培训并举、具有中国特色的和多层次的中等职业教育体系初步形成。由于党的"十七大"与"十八大"为我国职业教育提供了新的发展机遇,提出了新的要求,加之人民群众对中等职业教育的改革发展有了新的期盼,为此,作者撰写了《中等职业教育学校建设实践研究》一书,以期在新的形势下,能使中等职业教育工作坚持以科学发展观为指导,更新观念,总结过去,改革创新,开拓进取。

　　本书共分为 10 章:第一章概述了中等职业教育发展历程;第二章分析了中等职业教育管理体系;第三章研究了中等职业教育师资队伍建设;第四章分析了中等职业教育德育的管理;第五章针对中等职业教育的资源开发与利用进行了系统研究;第六章研究了中等职业教育学生管理;第七章分析了中等职业教育学校科研建设管理;第八章针对中等职业教育专业设置、课程设置及教学进行了相关研究;第九章研究了中等职业教育评估指标模块化设计;第十章对中等职业教育资助体系进行了探究。

　　总体而言,国内外关于研究中等职业教育的著作类书籍不是很多,故本书是在认真研究和总结已有相关职业教育资料,并结合作者自身的一线教学经验而完成的。因此,本书在撰写的过程中,主要有以下一些特点。

　　首先,逻辑性。本书在内容设计上体现了一定的思维规律性,在章节的衔接上体现了十分紧密的逻辑关联性。

其次,创新性。本书在撰写中,除了注重中等职业教育的一般研究内容外,也针对一些新兴或热点问题进行了分析,如第九章与第十章的内容。

最后,实践性。由于本书主要研究中等职业教育学校的建设实践,因此在正文中不仅陈列了一定的数据资料,还注重深入分析,以期为我国中等职业教育梳理和总结一定的经验及启示。

在本书的撰写过程中,参考了许多文献资料,并引用了一些前人的研究成果,在此表示由衷的感谢!由于时间较为仓促,作者水平有限,书中难免会出现一些疏漏、谬误之处,希望广大读者、专家学者能够予以指正,以使本书日臻完善。

作 者

2014 年 7 月

目　录

第一章　中等职业教育发展历程 …………………………………… 1
　　第一节　职业教育的沿革 ………………………………………… 1
　　第二节　中等职业教育的发展与成就 ………………………… 13
　　第三节　中等职业教育的问题与思考 ………………………… 18

第二章　中等职业教育管理体系 ………………………………… 25
　　第一节　中等职业教育学校管理体制 ………………………… 25
　　第二节　中等职业教育管理机构的特点 ……………………… 35
　　第三节　中等职业教育管理的现状与改革 …………………… 38

第三章　中等职业教育师资队伍建设 …………………………… 45
　　第一节　中等职业教育师资队伍建设概述 …………………… 45
　　第二节　中等职业教育师资队伍建设所存在的问题 ………… 57
　　第三节　中等职业教育师资队伍建设的发展趋势 …………… 61

第四章　中等职业教育德育管理 ………………………………… 67
　　第一节　中等职业教育德育管理概述 ………………………… 67
　　第二节　中等职业教育德育管理所存在的问题与改革方向 … 79

第五章　中等职业教育的资源开发与利用 ……………………… 87
　　第一节　中等职业教育资源概述 ……………………………… 87
　　第二节　中等职业教育资源的分类与来源 …………………… 88
　　第三节　中等职业教育资源现状与改善 ……………………… 93

第六章　中等职业教育学生管理 ………………………………… 101
　　第一节　中等职业教育的学生管理概述 ……………………… 101
　　第二节　中等职业教育学生日常行为管理 …………………… 107
　　第三节　中等职业教育招生与就业工作管理 ………………… 111

第七章　中等职业教育学校科研建设管理 ……………………… 115
　　第一节　中等职业教育学校科研建设管理概况 ……………… 115
　　第二节　中等职业教育学校科研过程的建设管理 …………… 123
　　第三节　中等职业教育学校科研队伍的建设管理 …………… 131

第八章　中等职业教育专业设置、课程设置及教学研究 ⋯⋯⋯⋯ 135

　　第一节　中等职业教育专业设置 ⋯⋯⋯⋯⋯⋯⋯⋯⋯⋯ 135

　　第二节　中等职业教育课程设置 ⋯⋯⋯⋯⋯⋯⋯⋯⋯⋯ 144

　　第三节　中等职业教育教学研究——以有效课堂教学为例 ⋯⋯ 149

第九章　中等职业教育评估指标模块化设计 ⋯⋯⋯⋯⋯⋯⋯ 157

　　第一节　中等职业教育评估指标模块化设计概述 ⋯⋯⋯⋯ 157

　　第二节　中等职业教育评估指标模块化设计方法 ⋯⋯⋯⋯ 162

第十章　中等职业教育资助体系研究 ⋯⋯⋯⋯⋯⋯⋯⋯⋯⋯ 169

　　第一节　中等职业教育资助体系的理论依据 ⋯⋯⋯⋯⋯⋯ 169

　　第二节　中等职业教育资助体系的现状与问题 ⋯⋯⋯⋯⋯ 176

　　第三节　中等职业教育资助体系的改革实践 ⋯⋯⋯⋯⋯⋯ 183

参考文献 ⋯⋯⋯⋯⋯⋯⋯⋯⋯⋯⋯⋯⋯⋯⋯⋯⋯⋯⋯⋯⋯ 191

第一章　中等职业教育发展历程

中等职业教育对我国的经济发展、社会保障以及民生改善等都具有非常重要的意义。自我国实行中等职业教育以来,职业教育的发展在不同历史时期呈现出不同的特点,与当时的意识形态、社会结构变化以及生产力与经济的水平等有着非常重要的关系。尤其是改革开放以来,我国在中等职业教育的建设与发展方面获得了极大的进步,为我国的现代化建设作出了极大贡献。本章主要从职业教育的沿革、中等职业教育的发展与成就以及对职业教育中所存在的问题进行反思这 3 个方面展开重点论述。

第一节　职业教育的沿革

中等职业教育在我国经过了一段相当漫长而曲折的历史发展过程,近代意义上的职业教育兴起于清末,在民国时期得到了初步发展,在新中国成立后开始勃兴,尤其是改革开放以来,我国的教育发展在经济全球化与知识经济的推动下获得了前所未有的良好发展。

一、清末时期的职业教育发展

(一)清末时期的实业教育发展背景

1. 西方列强入侵的历史背景

清朝是我国古老的封建统治历史上的最后一个王朝,严厉、残酷的专制集权统治模式在清朝被发挥到了极致。康熙、雍正、乾隆三朝达到了顶峰发展,此后清王朝开始由盛转衰,进入了末日乱象,政治上卖官鬻爵、黑暗腐败,经济上国穷财尽、民不聊生,军事上也是软弱无能、被动挨打,而教育方面也处于八股应试大行其道的空疏无用的状态下。1840年,鸦片战争爆发,英国侵略者的坚船利炮炸开了古老中国的大门,中国由此开启了近代化的进程。由于西方列强的相继入侵,我国被迫签订了一系列不平等的、丧权辱国的条约,而大量的战争赔款则使我国陷入沉重的社会危机与灾难中。

2. 洋务运动期间的实业教育

在民族危难关头,一些开明的官僚知识分子以"师夷长技以制夷"为指导思想,提出了一系列革除弊端、改变现状、加强文化教育和学习先进科技的主张。其主要包括:一是废除科举制,提倡实用科学教育,停办书院,兴建学堂;二是提倡洋务,学习西方的实用技术与科技,进而提出了改革社会的主张;三是追求"自强""求富",兴办了大量的军事与民事工业项目。

在军事工业方面,晚清政府创办了江南机器制造局、金陵机器局以及天津机器制造局等近代工业,从而加强了军事工业与军队实力;在教育方面,创办了福建船政学堂、上海机器学堂等军事技术学堂与工业技术学堂,从而培养了大批新式的军事与技术人才。

3. 甲午战败后的实业教育

1895年中国甲午战败,也同时宣告了洋务运动的失败,中国知识分子的民族意识开始逐渐觉醒。1897年,德国强占胶州湾,俄国强占旅大,急剧加深了我国的民族危机。在这种严峻的形式下,为了挽救民族威望,康有为、梁启超、严复等知识分子指出了中国社会发展的问题在于教育畸形、科技落后、人才匮乏等诸多方面,其一致认为"教育是救亡、兴国与富民的主要手段"。正是在这种情形下,传统科举教育的改革与新式课堂的出现成为历史的必然发展与选择。

4. 百日维新中的实业教育

光绪于1898年6月11日下诏宣布维新变法。变法期间的改革措施大部分与文化教育有关。据相关统计显示,"百日维新"时期在文化教育方面的改革举措有40项,其主要体现在3个方面:一是广设学堂,全面学习西方,比如京师大学堂的成立,这是一个新式学堂,同时也是全国最高教育行政机构;二是废除八股制,改革科举制度,比如1898年6月23日,八股取士被正式废除;三是设立矿务、农务、蚕桑等实业学堂,兴办实业教育。这些举措使我国的新式教育获得了巨大发展。

（二）清末时期的实业教育体系

1.《壬寅学制》中的实业教育体系

《壬寅学制》是近代中国历史上第一个法定学制。在洋务派和维新派的大力倡导下,新学获得了迅猛的发展。针对新学堂的兴起与科举制度之间的巨大矛盾,康有为于1898年提出了"近采日本,以定学制"的主张。就在这一年,梁启超也在《筹议京师大学堂章程》中提出了对于我国学制体系建设的建议。管学大臣张百熙于1902年在《钦定学堂章程》中以日本明治时期学制为蓝本,在综合欧美各国教育的特点上提出了我国最早的法定学制。同年,这一学制正式公布,因为是农历壬寅年,所以这一法制便被称为《壬寅学制》。

《壬寅学制》从纵向将教育分为3个阶段7个级别,从横向将教育分为实业学堂与普通学堂。学制对实业教育体系进行了单独设置,初步形成了实业教育与普通教育并举的格局,相当于今天的高等职业教育与高等教育。当时,学制在制定的时候由于时间仓促而存在诸多不足,《壬寅学制》公布后就有人提出异议,其并未真正落实到教育中。

2.《癸卯学制》中的实业教育体系

1903年在《钦定学堂章程》的基础上,张百熙、张之洞等人又重新制定了《奏定学堂章程》。因为这一年是农历癸卯年,所以该学制又被称为《癸卯学制》。这个学制涉及教育领域的多个方面,是一个包括小学、中学、大学不同级别的完整的教育体制,其主要有普通教育与实业教育两个体系。在这里,实业教育主要分为初等、中等、高等3个不同的层次,学习年限合计为13年。其中,各级实业学堂被划分为农业、工业、商业与商船4大类,中等实业学堂的毕业生也可进入高等实业学堂继续深造学习,而高等农业学堂与商业学堂也都设有本科与预科,预科有一年的学习时间,除本科农业学堂的农学科为4年学制外,其他的兽医学、土木工学以及森林学都是3年学制。高等商业学科商业学堂本科学制为3年,不分科。高等工业课堂只设立了本科学习,3年学制,其学科体系主要包括建筑、机械、电气、应用化学、染色、机织、窑业、机器、土木、矿业、图稿绘画、漆工、造船等13科。高等商船学堂也只设本科,其主要有机轮、航海两科,均为5年学制。

实业学堂设立的共同目标为振兴农、工、商各项实业,为富国裕民之本计。

在晚清的实业教育发展方面,《壬寅学制》中已对实业教育体系进行了初步的阐述,而《癸卯学制》则有更加详细的章程,如《高等农工商业学堂章程》《实业学堂通则》等。《癸卯学制》是在全国普遍实施的第一个学制,其对实业教育的贡献集中表现在这几个方面:其一,解决了我国几千年来办学无章的问题;其二,为新学堂的发展从制度上奠定了基础;其三,还为实业学堂的稳定与发展创造了良好的条件。

3. 清末时期的实业学堂

晚清时期的实业学堂是在当时中国面临内忧外患的窘迫情况下逐渐发展起来的,因此,实业学堂从创立之初便难免带有鲜明的实用性与针对性,随着不同时期社会需求的变化,实业学堂的教育也呈现出不同的特点。

(1)洋务运动时期的实业学堂

在洋务运动时期,洋务派领袖知识分子以"中学为体,西学为用"为宗旨,以"自强"与"求富"为核心内容,从而兴建起了与军事和工业有关的实业学堂。与官学、书院、私塾等传统教育相比,洋务运动时期的军事技术学堂与工业技术学堂有着显著的差异,因此其被称为新学堂。

新学堂从学堂的培养目标、课程设计、教学方式和技能培训等方面都呈现出与传统教育方式显著的不同,而这些不同正是职业教育的特点,从这个角度来分析,可将清末实业学堂看做中国高等职业教育的发展雏形。我们可将这些学堂称为技术实业教育学堂。

1866年,由闽浙总督左宗棠创建的福建船政学堂是最早的技术实业教育学堂。随后,洋务派领导人相继创办了上海江南制造局操炮学堂、广东水师学堂等14所军事技术学堂,主要用于军事技术方面的专门人才的培养。在学堂设置方面,以福建船政学堂为例,其主要以轮船设计、制造、驾驶技术方面人才为培养目标,开设了驾驶、造船以及轮机3类专业。其中,实践课程有船体建造、机器制造、驾驶操纵、轮机技术等,学生要上船进行实地学习。当时,创建船政学堂是福建船政局的一部分,而福建船政局又是我国近代最大的造船厂,这为学生的实践操作提供了优厚的教学条件。福建船政学堂的学制为5年,分为前学堂与后学堂。其中,前学堂为"法语课堂",主要以船舶设计与制造类的人才培养为主;后学堂为"英语课堂",主要以船舶驾驶类的人才培养为主。同时还聘请外籍教师进行教学,是我国近代海军技术人才的摇篮。福建船政学堂在办学47年期间,共培养学生637名,有代表性的为爱国将领邓世昌、铁路专家詹天佑以及近代思想启蒙者严复等。

(2)维新变法时期的实业学堂

维新派认为,首先应学习西方先进的政治制度,其次才是实业教育的发展。在百日维新时期以及清政府10年新政期间,清政府非常重视学堂的兴办,尤其是实业学堂的发展。实业学堂有正式实业学堂、补习实业学堂与师范实业学堂3类。正式实业学堂又分为初等、中等和高等3个层次的学堂。其中,高等实业学堂招收对象为18~22岁普通5年制的中学堂毕业生以及中等实业学堂的毕业生。在专业设置方面,高等实业学堂有农业、工业、商业以及商船4大类专业。前3类专业预科1年,本科3年;商船类无预科,航海本科专业5年半,轮机专业5年。高等实业学堂还设有专攻科,以供学生进一步深造学习。高等实业学堂以高等理论与技术的讲授为主,主要培养实务经理、工程师与教员,每周共36学时,主要分为应用化学、机织、染色、机器、建筑、土木、窑业、电器、矿业造船等13科,各门学科同时还设有实习科目与公共课程。高等实业教育在当时无论是体系设置还是教学管理方面都非常规范,并具有一定的规模。据统计,当时的高等实业学堂大约有13所以上,占高等学校总数的1/3,在校生共计1 690人,占高等学校在校生的42.9%,全国实业学堂的层次分布,如表1-1所示。

表1-1 1909年全国实业学堂统计表

层次 \ 人数 \ 类别	农业实业学堂	工业实业学堂	商业实业学堂	实业学堂预科	
初等	59	47	17	67	
中等	31	10	10		
高等	5	7	1		
合计	95	64	28	总计	254

（3）清末专门学堂

随着实业学堂与近代教育体系的大力发展,大学生人数急剧增加,在高等教育体系中因此出现了一个新式学堂——专门学堂。

专门学堂不同于综合性大学的教育模式,其不仅具有很强的职业性,与实业学堂有一些共通之处,同时其所教授的知识范围也更加广泛,而不再局限于工业、农业、商业、商船等实业学堂的教育。我国第一所专门学堂为1905年开办的奉天体育美术专修所,在这之后又相继成立了上海体操学堂、政法学堂。到1909年,我国的专门学堂已经达到了81所,在校生共计14 703人,如表1-2所示。其中政法类的学堂发展得最快,而文科与法科学堂占专门学堂的1/2多一点,其学生人数也在专门学堂学生数中占93%。

表 1-2   1909 年全国专门学堂统计表

学科类别	文科	理科	法科	医科	艺术	小计
学校数	17	3	46	8	7	81
在校生数	1 983	211	11 688	336	485	14 703

二、民国时期的实业教育与职业教育发展

（一）实利主义教育与职业教育的产生背景

1. 实利主义教育产生的背景

1911 年，武昌起义推翻了清政府的统治，随后的 1912 年中华民国便宣布成立，这是我国历史上第一个资产阶级政权。中华民国成立后进行了一系列的改革，在教育改革方面，将清朝的教育行政机构改建为教育部，由蔡元培出任教育总长，负责全国的教育工作。

1912 年，蔡元培在《对于教育方针的意见》中指出，实利主义教育被纳入"五育"的教育宗旨中。实利主义教育不仅便于受教育者快速掌握生产知识与技能，同时还将普通教育寓于技艺与技能的传授之中，从而使教育的教学效果能够直观呈现。由于实利主义教育真实地反映了实业生产对技术以及技能型人才的需求，同时其本质也是实业教育，办学形式主要采用实业学校。实利主义教育不仅促进了我国实业的发展，而且由于其在"五育"教育中对德育与美感教育也非常重视，因此还有助于学生勤俭、耐劳、自立、自营、自尊等品格的形成，使学生的综合素质得以提升，这是实利主义教育有别于实业教育之处。

2. 职业教育产生的背景

1915 年，江苏省教育司司长黄炎培先生考察了美国的教育之后指出，我国科技落后、经济贫穷的真正原因在于"无新学识应用于实际，无新人才以从事改良，教育不与职业沟通"。正是在这个背景下，为了实现职业与教育的真正融合，黄炎培与蔡元培、陶行知等人于 1917 年发起成立了中华职业教育社，这是我国近代史上第一个以倡导、研究以及实施职业教育为宗旨的团体。就在这一年，中华职业教育社还创办了我国第一家宣传职业教育的专门刊物——《教育与职业》。

1918 年,中华职业学校成立,开始实施职业教育。同年,中华职业教育社召开了第一届年会,会上黄炎培先生论述了职业教育的目的在于"为了谋生之准备、为个人服务社会之预备、为世界及国家增进生产能力之预备"。中华职业教育社与中华职业学校的成立得到了当时工业社会、商业界以及侨胞等的大力支持,反映了我国在教育观念上的深刻转变,实现了教育与职业的结合,形成了较大的社会反响。

(二)民国时期的实业教育体系

1.《壬子癸丑学制》中的实业教育体系

1912 年,蔡元培主持教育会议,强调民主共和与封建专制的不同,其教育也应有本质的区别。在《壬子学制》之后,中华民国教育部又颁布了《大学令》《专门学校令》《实业教育令》等各级各类学校规程,这些有关教育的制度章程合称《壬子癸丑学制》。这个学制的出发点是模仿西方发达国家美、欧、法等国的教育制度,建立具有现代意义的教学体制,但由于对欧美国家的教育缺乏深入的了解,在学制的制定中最终参考的是日本的学制,并结合了我国当时教育发展的实际。《壬子癸丑学制》将教育分为 3 个体系:普通教育、实业教育和师范教育。在 1913 年颁布的《实业教育规定》将实业教育分为初等实业教育、中等实业教育以及高等实业教育 3 个层次。其中高等实业教育有专门学校,学制为预科 1 年、本科 3 年(医科 4 年),上设研究科 1～2年,能达到与大学本科同等水平。与清末专门学校类似,专门学校主要以法政、药学、医药、工业、农业、商业等方面的专业人才培养为主。此外,在教育部颁布的《专门学校规程》对师资、课程等进行了详细的规定。

与清末的《癸卯学制》相比较,民国时期的高等实业学堂改为了专门学校,而实业教育与普通教育的双轨三级教育体系并没有改变,但在初、中、高三级教育的修业年限方面却缩短了 3 年,以便于学生尽早走上工作岗位,为国家与社会效力。

2.《壬戌学制》中的职业教育体系

1992 年,北洋政府教育部在北京召开了全国学制会议,会议决定以美国学制为模本提出了学制修改案,颁布了《学校系统改革案》,也被称为《壬戌学制》。其一,该学制采取了美国"六三三"学制;其二,职业教育的名称得到了国家正式承认;其三,该学制规定,在高等职业教育阶段设专门学校,学制为 3～5 年,其中 4～5 年制的待遇与大学 4 年制相同。

《壬戌学制》是我国近代职业教育发展历史的里程碑,其贡献不仅在于理想的教育体系的构建,同时还使得理想的教育体系得以建立,从而联结了不同层次的职业教育,使得职业教育能够与专门学校进行对话与交流,甚至与大学院(即研究生教育)都有学术交流与往来。

3. 1927—1937 年的职业教育体系

南京国民政府成立后的 10 年间,由于帝国主义忙于军备竞赛,相互掣肘,因而无暇顾及中国。在这种宽容的外围环境下,1927—1937 这 10 年间,我国的国民经济有了较快发展,工业生产总值年均增长 8.4%。经济总量大幅提升,国民经济也逐渐恢复了活力。为了适应这一时期经济建设发展对大量专业人才的需要,政府将职业教育的发展作为这一时期非常重要的任务。南京国民政府要求各省兴办高、初级农、工、商职业学校,并于1932 年颁布了《职业学校法》与《职业学校规定》。其一,当时的高级职业学校相当于中等层次的教育,招收对象为初中毕业生,学制为 3 年;其二,在大学之下还设有专科学校,学制为 2~3 年;其三,文件规定,在大学及独立学院也可附设专修科;其四,专科学校注重于应用技术人才的培养。1929 年后,南京政府分别又颁布了《专科学校组织法》与《专科学校规程》,之后废止了专科学校预科,规定专科学校可从初中毕业生开始招收,学制为 5 年一贯制,其程度与大学本科相同。

1937 年,南京政府又颁布了新学制,主要是因为在这 10 年中,社会各个方面都发生了巨大的变化,《壬戌学制》已经开始与社会实际需要脱节,不再适应当时社会与经济的发展。新学者对职业教育进行了大幅度的修改,经过改革后的职业教育的类型更加丰富多样,职业教育的层次也更加清晰。

(三)民国时期的专门学校与专科学校

1. 民国时期的专门学校

1912 年,教育部颁布了《专门学校令》,此后又颁布了《公立、私立专门学校规定》。清末高等实业学堂被改为"专门学校",学制为 3 年,培养目标与高等实业学堂相类似,同时还允许私人办学的现象存在。专门学校除一般高等实业学堂的农、工、商以及商船 4 大类外,还设有法政、医学等专业,专门学校的专业类别共 29 个。到 1914 年,全国的专门学校已达 95 所,在校生共有 31 346 人,无论在学校数量方面,还是在校的人数方面均超过大学与独立学院,发展已颇具规模。1922 年《壬戌学制》公布后,教育部门大学和独立学院的建设方面放宽了设置条件,允许各专门学校升级为大学或学院,基于政策方面的原因,到 1925 年,专门学校的数量减少到了 58 所。

2. 民国时期的专科学校

民国时期的专科学校是专门学校的另一种说法,但又与专门学校有一定的区别。中华民国教育部通过《专科学校组织法》与《专科学校规程》的颁布,从而将专门学校改为专科学校,将其划分为国立、省立、市立以及私立不同层级的教育,并设立了农、工、商、医学、药学、市政等专科学校,学制为2～3年,主要以技术应用型人才的培养为主。在1931—1933年期间,先后增设了农林专科学校、山东医学专科学校、河南水利工程专科学校等学校。1929—1936年全国专科学校的情况,如表1-3所示。

表1-3 1929—1936年全国专科学校统计表

年份	1929	1930	1931	1932	1933	1934	1935	1936
学校数	26	27	30	27	29	31	28	30
在校生数	7 803	8 889	10 201	7 070	5 336	5 611	4 150	4 592

随着社会的发展与时局的变化,高等职业专科教育的情况也发生了一些改变。1937年卢沟桥事变后,抗日战争爆发,我国的高等教育也经历了曲折的发展,经受了严峻的考验。针对这一情况,国民党政府于1938年制定了《战时各级教育实施方案纲要》,要求各专科教育要以各项事业急用的专门人才为重点培养目标,反复强调高等教育要与"抗战救国"的战争目标相一致。在这个阶段,专科教育得到了迅速发展。1936—1945这10年间,我国的专科学校共增加了22所,在校生增加了8 857人,其中,1945年的在校学生人数为1938年在校生人数的2.93倍,如表1-4所示。

表1-4 1938—1947年全国专科学校统计表

年份	1938	1939	1940	1941	1942	1943	1944	1945	1946	1947
学校数	27	28	33	46	47	44	55	52	68	77
在校生数	3 997	5 170	5 241	7 590	9 709	11 023	13 640	13 449	18 898	23 897

抗日战争胜利后,我国的专科教育得到了进一步的发展。1947年,全国的专科学校共有77所,占全国高校总数的37%。全国范围内的国立专科学校共有20所,省、市立专科学校共有33所,而私立专科学校则为24所。其中比较著名的专科学校主要有立信会计学校、集美水产专科学校以及上海美术专科学校等。另外,当时的各个大学也附设专修科,如同济大学

工程专修科等。

三、1949—1978 年的职业教育发展

新民主主义革命的完成标志着新中国的成立,我国的革命任务也发生了变化,社会的重心逐渐由革命斗争转到发展与建设上来,经过长时间的战乱,我国社会的各个行业都遭受了重创,整个国家面临百废待兴的局面,需要各种类型、各个层次、具有专业知识与专业技能的人才投入到新中国的建设中来。在第一次全国教育工作会议上,首次提出了要求改变之前普通教育与职业教育比例严重失调的局面,自此,我国的职业教育进入一个新的历史发展时期。

1950 年,在教育部召开的全国高等教育研究会上,时任中央人民政府政务院文教委员会秘书长的钱俊端同志在会上指出,要实现专科层次的高等职业教育的大力发展,必须以满足国家建设高级专门人才的需要为目标。同年 8 月,《专科学校暂行规程》由国务院颁布实行,其对专科学校的办学宗旨进行了明确规定:"以理论与实际一致的教育方法,培养能掌握现代科学和技术的成就,全心全意为新民主主义建设服务的专门建设人才。"在这种政策导向下,我国专科层次的职业教育有了一定的发展,到 1950 年,我国的专科学校已有 63 所。

1952—1953 年间,教育部门参考了苏联模式,对高校进行院系调整。经过这次院系调整,许多高等学校被拆分,国家主张独立建制的工科院校优先发展,随后新设立了钢铁、地质、航空、矿业、水利等专门学院与专业,其中农林、师范、工科、医药学校的数量与之前相比有了大幅度的上升。而到1953 年,高校的整体数量由之前的 211 所下降到 183 所,综合类院校剧减,许多高校丧失了教学自主权,而社会学、政治学等一些类似的人文社科类专业也被相继停止或取消,中国的私学传统自此正式退出传统的历史舞台。而专科学校也受到了较大的影响,一些专科学校升为大学或院校,一些则降为中专,经调整后的专科学校已经所剩无几。

1953 年,政府在《关于专修科问题的决议》中明确指出:"高等学校的专修科以培养高级的技术员为目标,专修科是高等学校的一个组成部分,属于高等学校的范围之内。"很快,教育部又在《高教部 1954 年的工作总结和1955 年的工作要点》中指出:"根据国务院指示,专修科应及早停办。从今年起即减少专修科招生任务。"

受到政策的影响,1954—1957 年间,各高校本科生逐年增加,而专科生却逐年减少,到 1957 年时已经只占 10.8%。

　　自 1958 年"大跃进"运动到 1976 年"文革"结束这段时间,我国一直受到"左"倾思想的影响,国家在经济建设、政治生活以及教育方面都遭受了严重的挫折。十一届三中全会后,我国的经济、政治建设以及教育事业开始走上正常发展轨道,各级各类学校以及职业教育都取得了显著的成绩,从而为社会主义现代化建设事业培养了大量的高素质劳动力与技术人才。特别是改革开放以来,随着我国经济实力的逐渐提高与经济建设的发展加快,政府和社会对于职业教育的投入也越来越大,社会对人才的要求也越来越高,在这种背景下,我国的职业教育发展也进入快速发展阶段。

四、改革开放后,新时期我国的职业教育发展

　　1978 年党的十一届三中全会以后,党和政府对长期以来的错误路线进行了纠正,逐渐使得我国的工作重点转移到社会主义经济建设上来。社会生产力的迅速发展对我国的应用技术性人才也提出了更高的要求,我国职业教育就是在这样的时代背景下蓬勃发展起来的。

　　1980 年,国务院批转教育部和劳动部关于中等教育结构改革的报告,明确指出"对中等教育结构必须进行改革,并以此发展职业技术教育,从而使高中阶段的教育更加适应社会主义现代化建设的需要。为了加大职业技术教育教师的培养力度,各省、市、自治区应积极筹办职业技术师范学院"。

　　我国在 1985 年公布的《关于教育体制改革的决定》中明确规定:"社会主义现代化建设不但需要高级科学技术专家,而且迫切需要千百万受过良好职业教育的中、初级技术人员、管理人员、技工和其他受过良好职业培训的城乡劳动者。没有这样一支劳动大军,先进的科学技术和先进的设备就不能成为现实的社会生产力。但是,职业技术教育恰恰是我国整个教育事业中最薄弱的环节。一定要采取切实有效的措施改变这种现状,力争职业技术教育有一个大的发展。"在这个决定中,还进一步规定"要逐步建立起一个从初级到高级、行业配套、结构合理,能与普通教育相互沟通的职业技术教育体系"。与此同时,文件还进一步指出了职业技术教育在我国现代化建设中的地位与作用,截至 1988 年,我国已建成了职业师范学校 13 所,其中本科 10 所,专科 3 所,分布于北京、上海、天津等 11 个省市。

　　随着改革开放的迅速发展,为了快速培养实用性强的人才以适应当时的时代发展,我国的一些发达城市开始办短期职业大学,如金陵职业大学、合肥联合大学、江汉大学等,到 1988 年我国已有职业大学 19 所。

　　20 世纪 90 年代以来,受到市场经济等因素的影响,我国的经济进入高速发展时期,在产业结构方面也逐步发生变化,为了满足广大人民群众对接

受专业的、高水平的职业教育的需求,多形式、多类型的高等教育,尤其是大力发展职业教育已成为我国教育改革与发展的必由之路。通过发展职业教育来以此解决我国教育机构不合理、人才培养规格单一的问题,这是实现教育大众化的一个非常重要的渠道。

我国国务院于 1991 年作出了《关于大力发展职业技术教育的决定》,其主要根据我国在 20 世纪 90 年代的经济、社会发展的现状与实际需要,进而提出了职业教育进一步发展的目标和任务。

1992 年,在党的十四大上,江泽民同志在报告中明确指出:"要优化教育结构,大力加强高等教育,积极发展职业教育、成人教育和高等教育,鼓励自学成才。"

中共中央、国务院在 1993 年颁布的《中国教育改革和发展纲要》中指出:"各级政府要按照高度重视、统筹规划、积极发展的方针,充分调动各部门、企事业单位和社会各界的积极性,形成全社会兴办多形式、多层次职业技术教育的局面。"

全国第二次教育工作会议于 1994 年在北京召开,会议明确指出:"我国教育今后发展有两个重点,即基础教育和职业教育。"随后在《中国教育改革和发展纲要》中则明确提出:"职业教育是现代化教育的重要组成部分,是工业化和生产社会化、现代化的重要支撑。"在这之后,国务院又颁布了《关于中国教育改革和发展纲要的实施意见》,明确指出"有计划地实行小学后、初中后、高中后三级分流,大力发展职业技术教育,逐步形成初等、中等、高等职业教育和普通教育共同发展、衔接、比例合适的教育系列""积极发展多样化的高中后职业教育和培训。通过改革现有高等专科学校、职业大学和成人高校以及举办灵活多样的高等职业班等途径,积极发展高等职业教育"。

1995 年,国家教委颁布了《关于开展建设示范性职业大学工作的通知》,自此,我国发展了一批具有一定师资水平的地方性职业学校。这些职业学校对我国的职业教育的发展有着非常重要的作用,通过这一措施,极大地推动了我国职业教育的发展。

1996 年,全国人民代表大会一致通过并颁布了《中华人民共和国职业教育法》,不仅从法律意义上规定了我国职业教育的任务,同时还为其提供了法律上的依据,促进了我国职业教育的多样化发展。

第三次全国教育工作会议于 1999 年 6 月召开,在其通过的《中共中央、国务院关于深化教育改革 全面推进素质教育的决定》中明确规定,"职业技术学院(或职业学院)可采取多种方式招收普通高中毕业生和中等职业学校毕业生。职业技术学院(或职业学院)毕业生经过一定的选拔程序,合格后可以进入本科高等学校继续学习"。自此,我国在职业教育的性质、任务、改革发展目标、体制结构、入学条件等方面有了详细的规定。

进入 21 世纪,随着经济全球化的深入发展与知识经济时代的到来,我国在国际的交流、往来也越来越频繁,同时对于高级专业技术人才的需求也提出了更高的要求,推动了我国职业教育的迅猛发展。

2002 年,国务院颁布了《国务院关于大力推进职业教育改革与发展的决定》,其中明确了职业技术教育在社会主义现代化建设中的重要地位,提出了"十五"期间职业教育改革与发展的目标。文件中明确规定,"要求在'十五'期间建立起适应社会主义市场经济体制,与市场需求和劳动就业紧密结合,结构合理、灵活开放、特色鲜明、自主发展的现代职业教育体系","大城市和经济发达地区要积极发展高等职业技术教育,有条件的市(地)可以发展综合性、社区性的职业技术学院。简政放权,推进管理体制和办学体制的改革。充分依靠企业举办职业教育,有条件的大型企业可以单独举办或与高等学校联合举办职业技术学院"。

改革开放 30 多年来,我国的职业教育初步形成了完整的体系架构,职业教育的机构类型多种多样,可以说涵盖了国外中等职业教育的所有实施形式。在中等职业教育蓬勃发展的今天,重点在于抓好各类学校改革,通过一系列的探索与改革,从而真正办出具有中国特色的职业教育。

第二节 中等职业教育的发展与成就

职业教育是现代教育中最重要的组成部分。在现代化建设进程中,我国一直对职业技术教育的发展非常重视。十一届三中全会以来,在《中共中央关于教育体制改革的决定》和《国务院大力发展职业技术教育的决定》的政策性文件的推动下,我国的职业教育得到了前所未有的良好发展。1996年 5 月 15 日《职业教育法》的颁布对我国职业教育的地位作用、办学职责、管理体制、体系机构以及经费渠道等都作出了明确规定,职业教育由此走上了依法治教的轨道。

一、中等职业教育的发展

新中国成立之初,由于受多种因素的干扰,我国的职业技术教育与普通教育的比例严重失调。在高中教育阶段,职业技术学校只占在校生人数的

7%左右。1978年4月,教育部在全国教育工作会议上正式提出了改革中等教育结构的主张,要求将单一的普通中学教育体系转变为普通中学教育与职业技术教育并重的双轨发展模式。

教育部在1979年五届人大二次会议政府工作报告中也明确指出:"中等教育要有计划地举办各种门类的中等职业教育,这是社会主义建设的多方面的迫切需要,同时也有利于解决大量中学毕业生的就业问题。"

1980年,中共中央在批转全国劳动就业会议文件的通知中进一步强调,"要有步骤地改革现行的教育制度,改变中等教育结构单一化,与经济建设严重脱节的情况","要把职业教育作为教育体系的重要组成部分,逐步建立职业教育网"。随后,教育部并会同国家劳动总局共同拟定了《关于中等教育结构改革的报告》。报告经国务院批准,并以国务院文件形式下发全国。在此之后,全国各个地区开始陆续试办职业高中班,劳动部门组织建立劳动服务公司进行就业培训。这一时期各类职业学校的发展取得了显著的成绩。从专业设置方面来看,据18个省、市、自治区的初步统计显示,在1981年,全国就有385个专业,其中文化教育13个、工科220个、农林52个、财经39个、医科22个、艺术24个、体育5个、政法2个、旅游服务8个,职业教育的专业体系已渐具规模。

在上述一系列相关政策的影响下,我国的职业技术教育指导思想从根本上发生了改变,第一次将职业教育纳入了《中华人民共和国宪法》,由此确立了职业技术教育在我国经济、社会发展中的重要地位。

1982年以后,我国的中等职业技术教育有了长足的发展。1983年5月,在国务院下发的《关于加强和改革农村学校教育若干问题的通知》中,对改革农村中等教育结构,发展职业技术教育的意义、奋斗目标、原则、办学形式、师资建设以及毕业生安置等重大问题都作了明确的原则上的规定。同年5月,教育部、财政部、劳动人事部以及国家计委联合发出了《关于改革城市中等教育结构,发展职业技术教育的意见》,不仅明确了对城市中等教育结构的改革,同时也对发展职业技术教育的方向、途径与要求进行了规定。截至1984年,我国的职业中学达到7002所,在校生达到174.48万人,加上中专、技工学校等在内,当时全国接受中等职业技术教育的人数已达370万,占整个高中阶段在校生总数的34.9%。到1997年底,全国职业大学、高等职业技术师范院校、中等专业技术学校技工学校和职业中学的数量已经达到17116所,在校学生共1089.5万人,而招生数与毕业生数分别为78万和195万人。据相关统计,1997年高中阶段职业技术教育的规模已分别达到高中阶段招生数和在校生总数的56.3%与56.2%。

改革开放30多年来的职业教育发展中,我国的中等职业技术教育的迅猛发展为我国经济发展与社会进步输送了大量适用人才,共培养中级技术人才 2 632.76 万人。

二、中等职业教育发展的成就

经过近些年的调整与改革,我国职业教育的发展在各个方面都取得了显著的成效,这集中体现在中等教育结构的改变上。

(一)改变单一的中等教育结构

改革开放以来,全国各个地区充分发掘现有的中等专业学校与技工学校的发展潜力,扩大招生范围与数量,有步骤地将一批普通高中改为职业高中,或在高中教育阶段增加职业教育因素,如增设职业班等。加上新办的职业学校,从而使得各类高中阶段的职业技术学校的招生人数与普通高中相当。我国职业高中学生人数呈现出连年大幅增长的趋势。经过一系列的改革与努力,我国的中等教育结构单一化的局面从根本上得到了的改善,突破了原有的单一教育结构,形成了基础教育与职业技术教育"双轨"并重的发展格局,从而为我国中学毕业生的升学分流奠定了良好的发展基础。

(二)加强对学生的职业教育指导

在职业技术学校中,其中一项非常重要的内容就是对学生进行就业观念与就业心理准备上的指导。针对大量的普通中学毕业生不能升入高一级学校而准备就业的实际情况,职业学校的教师应积极引导并帮助广大学生树立正确的职业观,使他们按照国家建设的需要与自身的特点,选择比较适合自身发展的职业或专业。1989 年,国家教委有关部门要求在部分地区开展试点工作,1990 年逐步扩大了试点范围。目前这项工作在全国已获得多项成功。

(三)改革教学内容和教学方法

为了满足我国经济结构与生产发展的实际需要,各类职业技术教育学校对专业设置及结构的调整都相当重视,从而使得课程的实用性与灵活性得到了大幅度的提高。学校在教学实际过程中,既强调实践性环境的训练,同时注重提高职业操作技能。大多数职业技术学校开始与培训中心积极发展校办产业,创建生产实习基地,在产教结合、工学结合方面取得了较快的发展,增强了学校的活力与实力。在城市,中等职业教育学校将教学、技术

(社会)服务以及生产实践三结合作为办学的基本路子,建立并推广了校内外"三结合"基地等方面的经验;在农村,职业技术学校主要以"上挂、横联、下辐射"与"教学、科研、生产、经营、服务"相结合的基本发展模式,在地区性的教育综合改革实践中发挥了龙头的作用。

(四)改进和加强职业技术培训

改革开放以来,各级政府以及教育部门采取了一系列的相关措施,其还组织开展了多种形式的初中后与高中后的职业技术培训。在城市,每年就有 200 多万青年接受就业前的短期培训;而在农村,关于职业技术培训的快速发展则表现得更为突出。

(五)加强中等专业教育领导管理体制的改革力度

中等专业学校作为我国中等职业技术教育的骨干,其中绝大部分学校都是由中央与地方政府的业务部门所举办并实施管理的。一方面,这种体制在调动业务部门的办学积极性以及促进专门人才的培养与合理使用方面,都发挥了非常重要的作用;另一方面,由于部门所有制的局限性使得学校服务面较窄,同一地区不同部门所开设的学校专业出现重复设置、办学效益低下等问题。[①]

1987 年 1 月,国务院办公厅转发了国家教委等部门颁布的《关于全国职业技术教育工作会议情况的报告》,其明确规定,"职业技术教育的领导与管理要逐步形成一个既便于进行地方统筹协调,又能调动各业务部门的积极性,学校又有较大自主权的管理体制"。在这一时期,我国采取的改革措施主要有以下几个方面:

其一,国务院一些业务部门开始由直接管理直属中专学校向宏观管理过渡。

其二,各部门、各省市组织所属的中专学校跨地区、跨部门协作代培。

其三,积极发展各种形式的联合办学,提倡学校、经济集团以及科研机构等,共同形成了集团办学,以及学校与有关单位组织校董事会办学等。

(六)改革中等职业教育的招生、毕业生分配制度

在过去很长一段时间里,我国的中等专业学校一直实行按国家指令统一计划招生,毕业生由国家统一分配的制度,但是这种状况已难以适应我国经济体制改革与社会发展的总体要求。1987 年,农业部率先从中等农业教

---

① 吴德刚. 中国教育改革发展研究[M]. 北京:教育科学出版社,2010.

育改革抓起,从农业中专开始面向农村招生,并将此纳入国家计划,实行单独考试,毕业生不包分配的试点,由此打通了人才通向农村的渠道。随后,在相关主管部门的领导下,各类中专学校开始实行有计划招生以及毕业生分配制度的改革等。1988 年 4 月,国家教委等 8 部委联合颁布《关于农业中等专业学校招收农村不包分配班的若干规定》。同年,这种试点已经扩展到 23 个省、自治区。不包分配的在校学生约占农业中专在校学生总数的 12.7%。在不断总结农业、卫生等中等职业学校招生、毕业生分配制度改革试点经验的基础之上,国家教委开始在全国范围内继续推行这项改革。

党的十一届三中全会以来,技工学校作为中等职业技术教育的重要组成部分,也获得了迅速的发展。在改革开放的深入发展以来,我国的技工学校由过去单一、封闭的办学模式,逐渐向多形式、多层次以及灵活开放的办学方向转变。它主要表现在以下几个方面:

其一,在招生制度方面进行大力改革,实行全国统一的文化考试,择优录取,主要招收对象为初中毕业生,并采取了差额招生淘汰制度。

其二,拓宽了培训的对象与范围,提倡各种形式的联合办学;技工学校不仅要按计划继续培养中级技术工人,同时还要承担在职工人的中、高级技术培训及待业青年初级技术培训的任务,另外还要为集体所有制企业、乡镇企业、个体私营企业等培训技术工人。

其三,改变了"统包统配"的制度。对技工学校的毕业生实行了有条件地统筹安排、择优分配以及不合格不分配的制度;而到 1988 年国家则明确规定技工学校毕业生可以分配到企业当工人的实行劳动合同制,实行当生产实习指导教师的聘任制。

其四,助学金制度改为助学金与奖学金相结合的制度。

其五,在教师职务制度方面进行了改革,同时还建立了教师职务聘任制。此外,在教学改革方面,注重学生技能训练的强化,还加强了教学与生产相结合等环节。

(七)职业教育师资队伍建设成绩显著

在各级政府的支持下,目前我国的职业学校的师资建设已经形成了一支专兼结合的教师队伍。职业学校的文化课教师主要由普通高等师范院校进行培养,而专业课教师除少部分由职业技术师范学院培养外,其主要还是以普通高等院校及其设立的职业教育学院、系培养为主。目前大部分省市已建立了职业教师资培养基地,以保证职业学校师资的来源。同时,职业学校也可以有选择地聘请一些实践经验丰富的专业技术人员等到职业学校担任专、兼职专业课教师或实习指导教师。

(八)"双元制"职业教育办学模式试点成功

所谓双元制,是一种源于德国的职业培训模式。其主要是指在职业培训中要求参加培训的人员必须经过两个场所的培训,一元主要是指职业学校,其主要职能是传授与职业有关的专业知识;另一元是指企业或公共事业单位等校外实训场所,主要在于让学生在企业里接受职业技能方面的专业培训。这种模式在德国的企业中应用非常广泛,近些年也逐渐被我国的一些企业所借鉴或采用。

1985 年 5 月,国家教委在苏州、无锡、常州、沙市、沈阳与芜湖 6 个城市对德国"双元制"职业技术教育办学模式先进行试点,然后不断探索并总结发展职业技术教育的新路子。经过一系列的试点试验,近年来的试点工作取得了积极有效的进展。"双元制"不仅有利于城市教育结构的调整,同时还能够使职业技术教育为地方经济所服务;其不仅有助于城市教育管理体制的形成,同时还能够调动企业办教育的积极性,因此普遍受到学生、家长、社会的热烈欢迎。

第三节 中等职业教育的问题与思考

一、中等职业教育改革发展的主要问题

在当前阶段下,我国社会在职业技术教育的重要性认识方面还有待进一步提升。由于受"普高"热的冲击,职业中等教育也连带受到一定的影响。

就目前而言,我国职业教育的办学体制以及内部管理体制还有待于进一步的完善与改进。当前阶段我国职业教育发展改革的主要问题具体表现在以下几个方面。

(一)师资力量比较薄弱

当前,在我国职业教育领域中教师队伍的状况不适应职业教育发展需要的现象表现得较为突出。据相关数据统计显示,2010 年全国普通高中专任教师人数为 151.82 万人,专任教师学历合格率为 94.81%;全国普通中等专业学校教职工 43.50 万人,其中专任教师 29.50 万人;全国职业高中教

职工为 40.32 万人,其中专任教师 30.70 万人;全国技工学校教职工 26.63 万人,其中专任教师 19.05 万人;全国成人中等专业学校教职工 8.53 万人,其中专任教师 5.70 万人。其中,全国普通中等专业学校、全国职业高中,全国技工学校、全国成人中等专业学校的教师的学历合格率普遍偏低。硕士生与博士生在这些学校的任教人数偏低,从而造成专业技术教师紧缺,而传统的师范教育主要以文化课教师的培养为主,这种情况极大地制约了我国职业教育的进一步发展。

(二)财政投资严重不足

我国职业教育领域存在的又一个突出问题是财政投入不足,生均公用经费较少。与普通高中、普通高等院校相比,中央政府每年在城乡职业中学的投资专款仅有 5 000 万元,而银行方面在职业教育建设的贷款上也比较少。尤其是在农村职业教育方面,投入的经费更是微乎其微。由于财政投入不足,直接影响了我国职业教育的办学条件。据 1993 年的统计数据分析显示,以学校为单位,其一,在实验室建筑面积达标率方面,全国普通高中为 43.99%,而职业高中仅为 22.62%;其二,在理科实验设备达标率方面,全国普通高中仅为 42.59%,而在职业高中方面则为 18.65%;其三,在教学实验分组达标率方面,全国普通高中为 40.36%,职业高中为 18.28%;其四,在图书配置达标率方面,全国普通高中为 41.09%,职业高中为 24.71%;其五,在体育场馆面积达标率方面,全国普通高中为 39.8%,职业高中为 22.53%。尤其是在农村职业学校实验以及实习等方面,基础条件非常简陋,被称为是"黑板上种田,作业本里开机器"。

二、深化中等职业教育改革发展的思考

(一)突出职业教育的战略地位和作用

现阶段是我国社会主义现代化建设非常关键的转型时期。大力发展职业教育事业,推动科技进步,不仅是实现我国发展的战略目标,同时也是奠定我国社会经济发展基础的迫切需要。职业技术教育的发展与质量水平,不仅关系到我国产业领域产品的质量、经济效益与发展速度,其对于提高我国劳动者的思想道德素质与科学文化素质亦具有非常重要的意义,同时也是实现社会主义现代化的一项具有战略意义的基础建设。[1]

---

① 吴德刚. 中国教育改革发展研究[M]. 北京:教育科学出版社,2010.

就目前的总体情况分析,其一,由于我国的教育普及程度还不高,在学龄人口当中,30%的人为小学毕业,50%的人为初中毕业,而只有20%的人能完成高中阶段的学习,在这种情况下,我国劳动者的文化水平普遍处于较低的知识与能力水平;其二,在学龄人口中,能完整接受系统的高中阶段职业技术教育的人只有10%,而在每年不能升入更高一级学校的学生中间,大约有550多万名小学毕业生与700多万名的初中毕业生却无法接受职业技术教育培训,直接进入劳动岗位;其三,劳动者中间还存在相当程度的文盲与半文盲,就使得我国劳动者文化技术素质低下的问题更加突出。在这种情形下,许多先进的科技成果不仅难以转化为实际应用,技术转化率低,而且产品的质量与经济效益也难以出现质的提升与发展,大大地阻碍了我国科技成果的应用能力与经济竞争能力的进一步发展。

在农村,这一问题发展尤为突出,目前70%的农业科技成果得不到推广应用,其中最重要的原因就是农民的文化技术素质低,因而不能很好地接受,对农民的收入与农业生产水平的提高都造成了直接的影响。据相关调查显示,我国农民的人均收入与受教育年限呈现正相关,其中受过中等职业技术教育的农民的收入明显高于接受普通教育的人。因此,要提高劳动者素质,在努力提高教育普及程度的同时,还应大力发展职业技术教育,此外,各级政府的重视也非常关键。

(二)加大在中等职业教育方面的投入

在未来很长一段时期内,职业教育的发展将成为我国社会经济发展的重要战略举措。[①]进一步扩大职业教育的规模,为处于社会不利地位的公民提供接受职业教育的机会,不仅是实现教育公平的需要,也是促进现代化建设发展的一条重要途径。基于此,必须在以下几个方面加大对中等职业教育的投入力度。

1. 加大财政性教育经费的投入

政府必须将满足弱势群体的职业教育与培训需求作为重点,通过加大财政性教育经费的投入,从而实现教育财政的均等化,体现教育资源配置的公平性。近年来,我国中等职业教育规模的扩大与生均资源配置水平急剧下降等的矛盾不断加剧,因此,政府必须提高财政性教育经费在职业教育方面的投入力度,尤其是在西部地区与农村地区那些办学条件差、投入严重不足、骨干教师严重缺乏、职业学校学费偏高的地方。首先,可以通过提高中

---

① 周洪宇.教育公平论[M].北京:人民教育出版社,2010.

等职业教育在财政性经费中的比例,资助弱势群体接受职业教育,从而使更多的适龄人群享受到改革发展的成果;其次,可以通过降低职业教育成本的方式,以此来满足他们对于接受职业教育培训的需求;最后,还要进一步完善助学制度以推进教育公平,促进教育资源公平、合理配置。

2. 政府应加大在职业教育与职业培训的领导以及统筹力度

各级政府应加强对职业教育的领导,从而使职业教育与培训的工作从教育的边缘走向核心地带,进而从根本上改变职业教育处于教育薄弱环节与从属地位的现象。在中等专业学校、职业高中以及技工学校中间,可逐步进行统一的教学管理与学籍管理,逐步推进教育资源的优化配置,使职业教育服务体系获得均衡化的发展,从而增强为弱势群体服务的能力。政府不仅应切实加强对职业教育发展进行规划、资源配置、条件保障以及政策措施等统筹管理,为职业教育提供强有力的公共服务与良好的发展环境,加强各级各部对职业教育的管理能力,将职业教育的发展作为各级政府主要领导干部政绩考核的重要指标,还必须在人大的检查和指导下进行,以此引导职业教育的健康与协调发展。

3. 职业教育办学体制多元化

我国《职业教育法》明确规定,行业组织与企业应依法履行实施职业教育的义务。

首先,对其是否"根据本单位的实际,有计划地对本单位的职工和准备录用的人员实施职业教育","承担对本单位的职工和准备录用的人员进行职业教育的费用","接受职业学校学生和教师实习,并对上岗实习给予适当的劳动报酬"等方面进行严格检查,并定期公布执法检查结果,以此强化企业对职业教育的法定义务。

其次,通过税收等优惠政策调动企业的积极性,鼓励企业开展职业教育,并办好现有的职业学校,建立健全现代企业的培训制度。

再次,为了促进职业教育办学体制的多元化发展,还要在公办职业技术学校进行体制创新,充分利用民间资本与境外资金,探索以公有制为主导、产权明晰、多种所有制共同发展的多元办学体制。

最后,还要加强职业学校与企业之间的合作办学,形成前校后厂、校企合一的综合办学的教学实体。

4. 强化就业准入制度

强化就业准入制度不仅关系到劳动力市场与企业低水平竞争环境的改

善,同时还是转变经济增长方式,推进城市化进程的重要途径。因此,有关部门应从这几个方面入手:首先,尽快制定并进一步完善就业准入的法规与政策;其次,劳动部门应进行重点研究,逐步扩大就业准入的岗位数量,鼓励、要求用人单位在招录职工时应严格执行"先培训、后上岗"的规定,对于已经取得学校学历证书、职业资格证书以及职业培训合格证书的人员优先录用;再次,进一步完善职业资格证书制度,促进学历证书与职业资格证书对等制度的发展,以此提高技能型人才的水平;最后,职业学校还必须进一步发挥在职业资格证书制度中的作用,提高职业学校学生的职业能力培养,有计划地加快职业学校学生资格证书认证工作。

(三)面向社会需要,全面提高办学水平

职业教育的发展必须面向社会需要,努力提升其办学水平,创新办学理念与模式。具体必须要做到以下几个方面。

首先,将职业技术教育的发展与国家的富强以及人民的幸福联系起来,坚持为社会主义现代化建设服务的办学方向。德育应作为各级各类职业技术学校的工作重点,加强职业道德教育、职业纪律教育以及四项基本原则的教育。对于职业技术教育面临的师资问题,应采取多种有力措施,多渠道地进行问题的真正解决。尤其要重视专业技能教师的培养与聘用,通过各种兼职形式来扩大职业教师的来源。全国统编一部分职业教育培训的基础教材,也可由地方或行业自编专业教材,以此提升职业教育的专业化与教学质量。

其次,突出职业教育的针对性与实用性,根据生产实际需求来确定教学的内容与方法,大力提倡"校厂合一"的办学形式,在职业教育中要让学生在生产、经营、服务的实践中学习知识,重视其实际技能的训练。在师资队伍的建设方面,还应积极吸纳各种类型的技术型人才作为技能教师。

再次,相关部门应对各个地区、部门以及各个单位放手,使其能够根据当地的发展实际,建立不同层次、形式的职业技术学校。在系统的学校教育外,还要实行各种短期培训,实现全日制与业余培训相结合,农村还可以根据季节进行安排。领导部门应进行分类指导。在职业教育实际中,要按需施教,采取灵活培养、逐步提高的教育发展与指导方针。

最后,职业教育要逐步实现规范化、标准化发展与管理。不断提高办学水平与办学规模,现阶段应提倡先办学,后加强引导,逐步提高水平的发展模式。

(四)规模、质量、结构和效益的协调发展

职业教育的发展应在规模、质量、结构和效益方面实现健康、协调与可持续发展。一方面,要积极挖掘职业教育的潜力,扩大招生对象与中等职业技术学校的规模;另一方面,在提高职业学校的办学水平方面要更加重视,集中建设一批办学质量高、具有示范性的重点学校,以此推动职业技术教育的健康发展。

(五)完善职业技术教育体制

充分调动行业、社会各种力量集中兴办职业技术教育,逐渐形成多层次、多渠道、多形式的办学体制。在政府相关部门的领导下,实现行业、企事业单位办学与各方面的联合办学。

在农村职业教育中,对个体户与专业户开展技能培训。在城市职业教育方面,根据职业技术教育自身特点,提倡、扶持各类职业技术学校发展校办企业,走教育与生产相结合、"校厂合一"的道路。

(六)积极开展短期职业技术培训

现阶段职业技术培训是提高我国劳动素质的重要方式,同时也是职业技术教育的有机组成部分。职业学校要挖掘潜力,积极开展各种短期培训,进一步总结并完善"六加一""三加一"或"初三分流"等职业技术培训形式,使中小学毕业生能够接受多种形式的短期职业技术培训。在农村教育中,大力推行"燎原计划",逐步实现三教统筹与农科教结合的教育模式,以此对小学后、初中后以及高中后未能进入更高一级学习的青少年进行短期实用技术培训。

(七)实行技术等级证书制度认证

制定规范的适应各行各业、各种岗位的资格标准,该目标不仅是单位录用人的标准,同时各职业技术学校以及培训机构也必须根据这个标准进行组织教学、制定相应的考核与证书制度。基于岗位标准与教育形式的多样化,职业技术教育的考核方式与证书也不能"一刀切",而应多样化的。

(八)在基础教育阶段引进职业技术教育因素

现阶段我国正处于大变动、大发展的社会转型期,在未来近 10 年的发展形势下,现代职业技术教育已全面进入以培养高技能型人才为核心的改

革与发展的新阶段。有鉴于此,现代职业教育体系建设必须要从顶层设计入手,积极完善职业教育现代管理系统教学质量评估体系、职业资格证书认证体系、法律制度系统、财政投入系统、师资队伍建设系统、科研支撑系统、学生职业发展以及就业服务系统等方面的建设与规范实施,为职业教育的持续健康发展提供强有力的支撑。①

---

① 范唯. 探索现代职业教育体系建设的基本路径[J]. 中国高教研究,2011(12).

第二章　中等职业教育管理体系

　　我国的中等职业教育学校经过长期的改革和发展之后,完善健全的教育管理体制得以循序渐进地建立起来,并形成了自身区别于其他教育的特点。在十一届三中全会之后,我国在城市和农村,金融业和农业等各个领域以及各个行业都进行了一定的改革,特别是教育行业。随着经济的发展,社会对人才需求的类型和方向的改变,我国有关教育普及和促进就业等政策的需要,使我国加大了对中等职业教育学校的改革。2009 年开始逐步实施对中等职业教育的免费政策,并首先从农村和贫困家庭入手。中等职业教育作为高中阶段教育的重要组成部分,在 2008 年实现了 810 万的招生人数,在 2009 年甚至超过了普通高中所招生的人数,达到了 860 万的招生总额。正是在这种教育改革背景下,为我国的中等职业教育培养专业的职业技术人才提供了良好的发展契机,这也使得中等职业教育的管理体系建设显得尤为重要了。因此,通过对中等职业教育的管理体系的研究,能够使我们增加对中等职业教育的认识,认识到中等职业教育的重要性,进而为其进一步的改革和发展发挥作用。

第一节　中等职业教育学校管理体制

　　正如任何行业的存在都离不开管理一样,中等职业教育要想获得良好的发展,也必须具有良好的管理体制。我国中等职业教育学校在建立之后,经过了管理体制的一定时期的发展,管理体制发挥的作用也逐渐体现出来。中等职业教育学校是否管理得当,对学校的各项工作的开展,特别是中等职业技术人才的培养,都存在着巨大的意义。下面就对中等职业教育学校的管理体制的相关问题进行详细论述。

一、我国中等职业教育管理体制的含义

　　中等职业教育是我国高中教育阶段的组成部分,在拥有自身的独特之

处的同时，也包含着与教育管理相同的一般的内容。想要进一步了解中等职业教育管理体制的基本定义，就要首先对教育管理体制的概念有所了解和认识，并在此基础之上对中等职业教育管理体制的概念进行相应了解和认识。

（一）教育管理体制的含义

所谓教育管理体制就是在国家的整体范围内，依据国内已经存在和建立的政治、经济以及文化制度的基础，对国家的教育事业的组织和管理进行的全部的规章制度建设的总和，将其简称为"教育体制"。教育管理体制包括的内容十分广泛，对教育系统的机构设置的相关条件进行了规定，对教育系统的职责归属问题进行了明确，对教育系统的隶属关系进行了规定，对教育的权力分配以及教育机构的系统运行机制等问题进行了说明。从更为广泛的意义上来说，教育管理体制还应包括与教育相关的一系列制度，这些教育制度的核心应为对教育的领导、投资以及办学的体制建设等方面。

在教育管理体制的这一大的系统之中，其组成要素十分的多元，结构的存在也是多层次化的，这表明教育自身具有十分庞大的教育组织的系统，涵盖了教育在宏观以及微观等任何方面的事物。通常情况下，我们把各级政府管理教育事业具体的相关教育制度称为教育的行政体制；将有关学校自身对其内部管理的相关教育体制叫做学校的管理体制。由此看来，教育的管理体制其实是有关处理中央政府相关的部门、地方政府相关的部门以及学校三者之间对教育责权的具体分配，这是教育管理体制首先所要解决的最为核心的问题。

由此可知，教育管理体制不仅能够对教育进行权力的划分，还能对整个教育大系统进行宏观上的统筹和领导，进而实现对教育存在的各级别、各类型的教育资源的整体协调以及配置。它使得教育工作的效率不断得以提高，从而促进了整个教育系统的正常运行以及发展。

（二）中等职业教育的含义

我国在不同的历史时期对职业教育使用了不同的名称，包括"实业教育""技术教育""职业教育"以及"职业技术教育"等。曾任山西农业学堂总办的姚之栋在 1904 年撰写的《关于增添教习》一文中最先提出了"职业教育"的概念。1917 年，我国著名的近现代职业教育家黄炎培在上海创办了中华职教社，把"实业教育"更改成"职业教育"。1922 年，在国民政府的《学校系统改革案》即（"壬戌学制"）中，"职业技术教育"第一次正式成为官方所采用的称谓。1985 年，我国又颁布了《中共中央关于教育体制改革的决定》,使用了"职业技术教育"的称谓。1996 年,在我国颁布的《中华人民共和国职业教育法》中,确切地使用了"职业教育"这一概念。从此,职业教育的概念便在我国教育界确定下来了。

本书所指的"职业教育""职业技术教育"二者并无根本区别,是两种意义相同而称谓不同的同一概念。因此,中等职业教育其实也能够被称做中等职业技术教育。我国在职业教育的层面上能够分成高等的职业教育、中等的职业教育以及初等的职业教育 3 种类型。其中,中等的职业教育就是指面向广大的初中毕业生以及具有同等文化水平的人而开展的中级层面的职业技术教育。它处在职业教育的中间、基础地位,是整个职业教育的重要组成部分,是为社会培养拥有现代化技术人才的重要阵地。中等职业学校指的是普通的中专,包括专业的职业高中、成人中专、技工学校、高职院校开设的中专部这 4 个主要的学校类型。

(三)中等职业教育管理体制的含义

了解了教育管理体制以及中等职业教育的具体含义之后,我们就能对中等职业教育管理体制的含义进行阐述了。所谓的中等职业教育管理体制就是在中等职业教育的领域中,对相关的教育机构的建立、教育人员和机构的上下级关系划分以及各级部门在权力上的规定等方面进行的制度建设。它在制度建设的过程中,需要具体解决以下几个方面的问题:设置何种形式的、能够繁荣中央以及地方的中等职业教育的管理机构;国家是在总体上对中等职业教育进行集中的管理,还是进行分散的职业教育管理;如何处理中等职业教育机构的上下级间的关系;如何对国家的中等职业教育进行管理权力的划分等。和教育管理体制的核心问题相似,中等职业教育在管理体制上同样存在着处理中央的相关教育行政部门、地方的相关教育行政部门和中等职业学校三者之间对教育责权的具体分配,这是中等职业教育管理体制首先需要解决的核心问题。

相比于教育管理而言,中等职业教育的管理显然在范围上更小,属于教育管理的一部分,还涉及了许多其他有关中等职业教育的投资、督导、办学、招生、内部管理、分配的制度等方面的问题,它所涉及的教育的面则更为宽广。当然,在大量的中等职业教育的制度建设问题上,管理体现的建立无疑是中等职业教育的重要内容,它体现着国家对中等职业教育的领导,是中等职业教育体制的主线,关系着其他的中等职业教育的相关研究内容。

二、我国中等职业教育管理体制的结构

中等职业教育作为我国教育的组成部分,自然需要国家从中央到地方

对其进行全面的领导和管理,从而健全和完善中等职业教育的管理体制,进而促进我国中等职业教育的发展。

我国的中等职业教育管理机构主要包括以下几大部分:一是中央级的管理机构,主要指教育部以及劳动保障部等;二是地方级的管理机构,主要是指省级以及市级的中等职业教育管理部门;三是中等教育机构自身的管理机构,包括学校自身的管理以及实践教学体系的建设与管理等。办学部门对中等职业教育学校进行直接管理,不同级别的部门对其进行着不同层次的管理,导致办学部门以及学校两者间受到的间接的、并列的管理机构的管理和监督等。总之,中等职业教育学校的运行受到这些纵横交错的部门机构的管理和控制。这3大类型的机构共同组成了中等职业教育管理体制的结构。

(一)中央级的中等职业教育管理机构

中央级的中等职业教育管理机构主要掌握着中等职业教育的管理权力,对教育的各项工作进行整体上的宏观领导和决策。其工作的主要内容是切实地将教育的政策规划、计划方针以及规章制度等教育决策进行落实。同时,它还需要将国家政府相关的教育管理部门的上下级的行政从属关系作为体制管理的切入点,进而将从中央到地方的各级教育行政部门联系起来,为中等职业教育而服务。

1. 教育部

教育部是通过国家的领导和命令权力对中等职业教育进行宏观上的调控和管理。它以国家的名义对中等职业学校实施宏观的管理;对中职中专办学机构进行整体的统筹和规划;对中等职业教育学校的办学体制、培养目标、培养模式以及发展方向等进行管理;让劳动保障部以及相关的机构承办和建立中等职业教育学校,进而集中地对中等职业教育学校的办学和招生等方面进行集中管理;为中职中专培养人才制定科学、合理的政策性指导文件;对中等职业教育学校的建设以及发展进行改革;对中等职业教育学校的教育质量进行监督和评估。

当然,教育部可以将教育的管理权力下放到各个地方级的教育部门,进而实现对中等职业教育学校的间接管理。

2. 劳动保障部

劳动保障部又称为劳保部。以劳动保障部为代表的各部委也是中等职业教育学校的重要管理机构。劳动保障部是国家对中等职业教育开展管理工作时又一十分重要的教育职能部门以及教育权力机构。它对中等职业教育的管理具体表现在以下两个方面：一方面，劳动保障部对中等职业教育学校在宏观问题，如办学的体制、办学方向、人才的培养规格以及发展的规模速度等方面进行最基本的管理；另一方面，对中等职业教育学校的某些职业技能的课程开设进行一定的管理和鉴定。

但是，由于劳动保障部的工作人员在大多数情况下只擅长处理一些一般的政府性的公务，对中等职业教育的管理相对缺乏经验，再加上其部门的人员流动性非常大，难以系统地对中等职业教育学校进行全面的管理，进而使其对中等职业教育的指导缺乏一定的依据。

（二）地方级的中等职业教育管理机构

地方级的中等职业教育管理机构也对中等职业教育学校发挥着管理作用，它具体表现在以下两方面。

1. 省级中等职业教育管理部门

省级中等职业教育管理部门，是指省级教育厅、省级劳动保障厅的职业技能培训处以及其他的人事教育处等。这些中等职业教育管理部门主要有以下两项职权：第一，它对下一级的职业、技工学校以及专业的职业培训中心和机构等进行统筹规划与指导；第二，它还对直属的中等职业教育学校进行直接的、具有实质性的教育管理，具体表现为，中等职业教育学校由教育厅负责，一些专业的职业培训机构以及中等技工学校则由劳动保障厅来进行管理。

因为，我国在教育管理体制上的模式为中央集权制，所以，和那些采取地方分权制进行教育管理体制管理的国家相比较，我国的省级中等职业教育管理部门所拥有的自主权一般都较小。虽然随着时代的发展，我国地方在教育管理上的自主权也在不断扩大，如省级政府逐渐拥有了中等职业教育学校在办学设置、招生计划以及专业设置等方面的审批权，但是中央级的教育部与劳动保障部仍承担着制定中等职业教育学校在教育管理上的宏观方针和政策的任务。

2. 市级中等职业教育管理部门

市级中等职业教育管理部门主要由两个具体的部门负责教育管理的职责，一个是市级的教育局，一个是市级的劳保局。无论是教育局还是劳保局，都下设有专门的部门来负责市级中等职业教育学校的教育管理工作。在市级的教育管理中，教育局是市级中等职业教育学校管理的主要部门，它对其负有直接的统筹管理和指导的责任与权力。相对于中央级的和省级的市级中等职业教育管理部门而言,市级在工作的内容上更为细致,是最接近市级中等职业教育学校工作的部门。

当然,市级的中等职业教育管理部门也要受到上一级的,特别是中央级的教育部门和劳动保障部门的指挥和引导,以中等职业教育的宏观政策和方针作为工作的指导。

(三)中等职业教育学校自身的管理

中等职业教育自身的管理,就是实现学校对自身的管理,它主要负责学校日常的教育工作和教学活动的开展。

随着我国教育,特别是职业教育的不断发展,1998 年,我国的职业教育管理体制发生了根本性的、巨大的改变。在 1998 年以前,职业教育主要是由企业和县级以上的劳动部门共同承办和建设,劳动部门只负责教育管理。约 9 成的职业技术学校是通过企业自身的努力而建成的。

在 1964—1978 年期间,出现了由教育部门直接进行管理的技工学校。这时,大部分的中等职业教育学校的管理还是由市级以及县级的教育部门来负责,政府的业务部门以及企业等承办了小部分的学校。而通过社会性的力量也能够开办职业教育学校,但主要是由教育部门实施管理。[①]

由此可见,我国中等职业教育的管理体制,是逐渐向中等职业教育学校自身开放的,其获得的自主权力也不断地增多。当然,中等职业学校对自身的管理,归根结底还是要受到国家教育部门的总体管理。

三、我国中等职业教育学校实践教学体系的建设与管理

中等职业教育学校实践教学体系的建设与管理是中等职业教育进行教学管理体系建设的重要体现。由于中等职业教育的实践教学,需要各个方面的资源进行配合,这些资源是其教学实践的构成要素,共同形成了教学实践的系统。其中涉及诸多因素,且实践教学本身又必须遵循一定的原则,在管理实施上也要采取一定的措施。这些都是中等职业教育学校实践教学体系的建设与管理需要——研究的问题。

---

① 职业教育编辑部. 我国职业教育的办学和管理体制基本情况[J]. 职业技术教育,2001(30).

（一）中等职业教育学校实践教学体系的构成要素

中等职业教育的实践教学不仅在学习的内容上具有操作性、可行性等特点，在思想上以及实施、管理上也具有一定的要求。因此，对其构成要素的考虑，就不能只看内容、思想等某一个层面，而是应该将这些因素进行综合考虑，进而将实践教学体系进行系统研究。

中等职业教育学校实践教学体系的构成要素具体包括以下 4 个方面。①

1. 资源构成

中等职业教育学校实践教学体系的资源构成，就是指在体系的建设过程中人力资源建设和物质资源的建设，也可以称为外部资源和内部资源的建设。外部资源是那些学校教育使用的权力，但产权不归学校所有的教育资源；所谓内部资源，指的是那些产权归学校的教育资源。

2. 行动构成

行动构成就是符合中等职业教育实践教学体系建设要求的教学模式、教育问题的反馈和处理、教育教学的督导和检查、人员的管理和资源的配置机制 4 大方面。

3. 内容构成

内容构成是中等职业教育按照实践教学的具体改革后的目标，进而对目标进行细化，并依据科学的教育理论来进行课程的教材开发、制订新的教学计划、制定科学合理的教育管理制度、制定科学的教育评价体系等。内容构成是实践教学建设的重要组成部分。

4. 思想构成

思想构成就是在实践教学体系建设的过程中对实践教学的观念以及目标等进行更新，使得实践教学的目标更加明确，在不断改革的过程中获得新发展。

（二）实践教学体系建设的基本原则

中等职业教育学校在进行教学体系建设时需要坚持一定的基本原则，

---

① 金庆浩．中等职业学校实践教学体系研究［D］．石家庄：河北师范大学学位论文，2010.

才能保证实践教学体系建设达到促进中等职业教育发展,培养优秀的中等职业技术人才的目的。

1. 坚持以教学为主

实践教学体系的建设,要坚持以教学为主,同时协调科研、培训、服务、生产等方面的教育工作。中等职业教育学校实践教学体系的建设以教学作为主要任务,是由教学实践的本质和目标所决定的。教学实践体系建设的根本就是为了更好地进行职业技术教育,更好地为教学所服务。其目的就是培养优秀的中等职业技术人才。一旦离开了教学,实践教学体系的建设也就失去了意义。

一般而言,中等职业教育学校的实践教学系统的构成需要专业的技术研发人员,需要先进的精湛技术,需要先进科学的教学仪器等,这些又需要中等职业教育学校做好教学以外的其他工作。所以,中等职业教育学校在进行实践教学体系的建设中一定要坚持以教学为主,同时将科研、培训、服务、生产等相结合的重要原则,从而发挥实践教学体系的作用,促进中等职业教育的发展。

2. 坚持理论和实践相统一

坚持理论和实践相统一的原则,是中等教育实践教学体系建设的重要原则之一。在实践教学中,理论教学和实践教学是相互影响、相互制约的统一体,两者的存在是依靠彼此间的协同发展实现的。虽然中等职业教育的实践教学体系是一个独立的系统,但是也不能将其和理论割裂开来,甚至是将二者对立起来。这是因为,实践教学需要理论作为其实践的支撑,需要理论对其进行引导。

理论和实践的统一是职业教育必须遵循的一项基本规律,二者统一的程度影响着教育的效果。在科学的教学体系下,需要将理论的学习和实践结合在一起。更深层次来说,理论和实践在教育中应该是交替进行的,是相互融合的整体过程,即在实践过程中学理论,在理论教学中进行实践,二者并行构成了完整的教学系统。总而言之,中等职业教育要在实践教学的体系建设中尽可能地深化理论和实践教学的统一程度,实现由从前的实践辅助理论的教学向理论辅助实践的教学转化。

3. 坚持长效的管理机制和总体的教学规划相配合

中等职业教育学校的教学实践是一个长期的复杂工程,因此,它需要坚持将长效的管理机制和总体的教学规划相结合。

　　实践教学和生产技术的动态变化是紧密相连的,所以,就需要实践教学具有一个能够发挥长效的、动态的管理机制。长效的管理机制能够实现教学方法的不断更新、教学设备的不断更新、教师的教学和技术水平的不断更新以及教学课程的不断更新等,是中等职业教育跟随时代不断发展的必然要求。长效的管理体制的形成,既要依靠国家教育部门、学校自身等的努力,还需要建立科学的中等职业教育评价体系,对其教学进行评价,关注教育发展的过程,及时发现存在的问题,并及时提供解决问题的策略等,进而激励中等职业教育的不断前进。

　　总体的教学规划,需要注意以下几个方面:第一,实践教学体系的建立需要一个全面、科学的蓝图,既包括实践教学的目标、工期、工作的基本流程等,又包括实践教学的制度与章程、人员的职责与奖惩等。第二,实践教学体系的建设需要一个独立的、富有权力的领导机构或组织团体,可以是“教学改革委员会”等,其问题的关键就在于成员拥有绝对的权力来协调实践教学体系建设对物资与人力的需求,成员在此前提下,还要拥有科学的决策力和执行能力。

4. 坚持校外和校内相结合

　　中等职业教育的实践教学体系建设还要坚持校内外实践的结合原则。其原则的具体内容体现在以下几个方面。

　　第一,校外和校内相结合要具有先进性。校内在实践教学上要对地区企业的情况进行调查,并对生产企业的先进科学的技术进行模拟,使用比较先进的仪器与设备,体现出现代化的工艺水准,尽可能地贴近本地的实际,进而增强本校学生在就业上的竞争力。

　　第二,校外和校内相结合要具有综合性。校内在实践教学上具有综合性,既是具体教学内容间的综合,也是进行综合性实训、项目教学以及创新性学习等知识和技能的综合教学,甚至是跨专业的综合,提高教学资源的利用率,提升学生的知识水平。

　　中等职业教育在进行校内外结合时,常会面临合作企业积极性不高的问题,这就需要学校想方设法地调动企业的积极性,在“互惠互利”的基础上进行合作。企业只有通过合作满足了自身的需求,才能良好地配合学校进行教学实践,也才能使教学实践获得良好的效果。同时,学校还要发挥自身的主动性和积极性,积极地寻求与企业的合作,不遗余力地进行合作空间的开拓,实现多样化的合作。

(三)实践教学体系建设的管理措施

　　对实践教学体系进行管理,是其体系构建的实施过程,需要采取一定的、科学的措施来完成体系的构建工作。其管理措施具体表现在以下几个方面。

1. 加强对实践教学的指导

中等职业教育学校在进行实践教学体系的管理时,必须加强对其工作的指导,使实践教学的管理能够发挥实效,进而提高实践教学系统的实施效果。

2. 改革实践教学的管理模式

中等职业教育学校的实践教学体系的管理模式一般是由学校的教育工作者建立的。但是,伴随我国中等职业教育的不断发展,原有的老旧模式已经越来越不适应教学发展的需要,更加无法发挥实践教学体系的作用,进而影响了学校教职人员的能力和水平的提高、学生知识水平和实践能力的培养与提高以及教育科研工作的进行等。原有管理模式的诸多弊端要求中等职业教育学校对其进行改革,创立出能够使教学实践体系发挥实效、利于学生培养以及其他各方面发展的新的管理模式,进而提高中等职业教学学校的工作效率。

3. 加强对实践教学功能的开发

中等职业教育的实践教学体系,虽具有教学、生产、科研、服务等多种多样的功能,但很多学校仍旧只发挥了其教学的作用,这就需要对教学实践体系的其他功能进行开发。这就要求中等职业教育学校利用自身所具有的技术、设备等方面的优势,加强学校和企业之间的合作,从而开发出以教学为中心的,多种功能相结合的综合教学模式,使实践教学体系发挥其应有的作用。

四、我国中等职业教育管理体制的功能

我国中等职业教育管理体制能够帮助中职教育发挥作用,其强大的功能具体体现在以下几点。

首先,管理体制对中等职业教育发挥着引领和指挥的作用。中等职业教育的工作人员都是以国家的名义开展对其教育事业的管理和指导的。因此,他们更能在管理的过程中,从国家的宏观角度对教育工作进行把握,进而保证了教学工作的方向。

其次,管理体制实现了中等职业教育的权力分配。中等职业教育学校

在管理体制上运行得恰当与否，需要各级、各部门按照一定的科学规则开展管理活动，进而在各自的范围内行使管理职权，并承担相应的管理职责，保障中等职业教育活动的顺利进行。

再次，管理体制促进了中等职业教育各方面的分工和协作。通过管理体制，各个教育力量都能够在中等职业教育中发挥应有的作用，形成分工协作、协调发展的局面。

科学合理的管理体制，能够体现出教育管理活动的整体性、社会性的特点，进而促进中等职业教育的发展。

第二节　中等职业教育管理机构的特点

中等职业教育作为一项特殊的高中阶段教育，它拥有着不同于普通高中的特点。这些特点，既有一般性的职业教育所具有的特点，还具有中等职业教育自身的个性特点，进而体现出中职教育在办学上的鲜明特色。因此，我们除了对中等职业教育管理的一般性特点进行分析外，还要介绍体现其个性的特殊性特点。

一、我国中等职业教育管理的一般特点

中等职业教育管理不同于普通的高中教育，它具有社会性和职业性的特点。相比之下，普通高中在社会性和职业性的程度上就小得多。社会性和职业性是任何职业教育都必然具有的特点。

（一）社会性

中等职业教育，是为了满足社会对职业技术人才的需要，因而具有社会性的特点。普通的高中教育，注重的是学生书本知识的学习以及学生的素质教育；中等职业教育则具有直接的社会性，其教育的目的就是为了促成学生的直接就业，与社会经济的发展、企业的需要紧密地联系在一起，在一定程度上实现了教育资源的优化。

由于中等职业教育在管理上受到社会经济发展、需求的影响和制约，无论是其培养的目标，还是发展的速度与规模等，都和社会的需求有很大的关系；社会在经济以及需求上的变化，也会直接影响到中等职业教育的管理，进而作出相应的改革和调整。

同时,中等职业教育管理的社会性还体现在教育的过程中需要企业等社会力量的大力支持和加入,实现校内和校外的共同实践和教学,进而提高学生的职业技术水平。

(二)职业性

中等职业教育管理的职业性,主要体现在其具有就业导向性。与普通高中培养人的教育活动不同,职业教育在教学活动上带有明显的职业针对性和目的性。因此,中等职业教育的教育侧重点是培养"应用型"的职业技术人才,职业性是其最本质的体现。

中等职业教育培养"应用型"人才的目标是:为学生创造更多的就业机会,为其职业发展提供某些必备的条件。当前,我国在中等职业教育的管理上已经具有相当成熟的发展,学生通过接受中等职业教育,获得了相当熟练的职业技能,进而保证顺利就业。

但是,中等职业教育学校也存在着学生素质水平低下的现象,这就需要加强学生在素质教育方面的力度。同时,这也关系到日后学生在工作中的表现。

二、我国中等职业教育管理的个性特点

中等职业教育管理的个性特点是其不同于普通高中教育的、体现自身鲜明特色的特点,具体表现在以下几个方面。

(一)专业、课程以及教学具有市场导向

不同于普通高中教育在专业、课程上的设置,中等职业教育在课程和专业的设置上更加注重市场对岗位的需求;普通高中开展的是一种素质教育,中等职业教育则是一种职业教育,是为市场所需要的岗位提供就业人员。因此,中等职业教育是以市场为导向,进而制定出具有岗位针对性和实用价值的专业和课程。

普通高等教育在进行教学管理时,注重在宏观上对课程体系进行整体的把握,进而确保整个学科课程体系的科学性。因此,普通高中在学科的设置上,不仅包括语数外,还有政治、历史、物理、化学等多专业的基础课程。它注重的是学生综合素质的培养,为学生未来发展成为高级的学科人才而准备,是偏向于理论型的教学。

中等职业教育在专业和课程的设置上,却主要以具有实用价值的技术专业和课程为主,目的是使学生在短期内学会和掌握某一门技术。因此,中

等职业技术教育并不是一项系统性的教学,也不注重对学生的综合素质培养,更多的是通过实践性的教学来熟练技术。

(二)应用型的人才培养目标

在人才的培养目标上,中等职业教育学校和普通高中同样存在着明显的差别。

普通高中强调对人才的综合培养,它不需要学生掌握某项特定的技术,而是需要学生掌握对不同性质、不同领域的学科理论知识。了解事物产生和发展的原理,树立正确的人生观、价值观等。因此,普通高中对学生的培养,是为未来全面多元化的人才培养作准备的。

中等职业教育学校在人才培养方面,注重的是对学生专业技术知识的教育,目的是通过教育培养学生成为专业的技术人才。因此,中等职业教育的目的是培养应用型的人才,其教育具有针对性,在具体的课程设置上也多以实际的操作演练为主,将技术理论和实践相结合。

(三)实践性的人才培养模式

在人才培养的模式方面,中等职业教育学校和普通高中也存在着巨大的差异。

普通高中采取的人才培养模式,一般是通过班级授课制的模式来进行的,在理论的教授过程中开展具体的实验等实践环节,将抽象的知识具体化,帮助学生了解书本上抽象的理论知识。在这里,实践是为了帮助学生理解理论知识。

中等职业教育学校在开展教学时,采用的是学生能力培养为中心的模式,对学生开展的理论知识的学习,目的是让学生了解某一技术的操作原理,进而更好地指导学生进行教学实践,更快地掌握所学的某项技术,实现就业。在这里,理论是为实践服务的。

(四)宽松的招生条件

普通高中在招生条件上一般具有较高的限制,它面对的是文化水平达到一定程度的、未来想接受更高水平教育的初中毕业生。中等职业教育学校对初中毕业生的文化水平要求并不高,甚至能够面向全部的社会成员进行招生。

(五)注重专业能力的师资队伍

在师资队伍的建设管理上,中等职业教育学校有着不同于普通高中的显著特点。

普通高中一般要求教师具有较高的文化水平,具有专业的教学能力和专业知识,具有一定的文化素养以及职业素养,看重的是教师在理论知识上的专业程度以及个人的整体素质和能力的高低。

中等职业教育学校对教师的要求具有很大的不同,在要求教师具有一定的文化素养和专业知识的前提下,更加看重教师在专业技术能力上水平的高低。这对教师的技术实践经验提出了较高的要求,对教师的实践能力更为看重。因此,中等职业教育学校的教师可能在整体的文化水平上不及高中教师,但在专业技术能力上有自己的强项。

(六)管理服务于特定区域

普通高中培养的是学生的综合素质,其教学的内容具有普遍性,目的是为学生进一步的学习或是深造等提供条件,因此,它在服务的区域和范围上没有太大的限制。除了学生在地域上的硬性限制外,理论上适用于任何学生学习,具有较强的流动性。

中等职业教学是培养专业的技术型人才,它只服务于某一特定的领域,培养的是某一专业方向的技术人才。因此,学生必须是想获得某项专业技术的人员,而不具有普遍的适应性。

(七)企业参与的管理模式

高中在办学上具有一定的规范性和普遍性,极少有企业参与教学的现象出现。而在中等职业教育学校中,由于其教育管理的培养目标等决定了企业参与的必然性。企业和学校的合作,是中等职业教育学校的重要教学手段,是一项互利共赢的教育管理模式。学生通过企业的参与,能够提高其实战经验,提高技术的熟练程度;企业也能通过与学校的合作,降低生产的成本,进而提高生产的效率。

第三节　中等职业教育管理的现状与改革

我国中等职业教育管理发展到今天,各种各样的弊端开始显现出来。要想使中等职业教育获得持续的发展,就要对其管理的现状进行了解,进而制定出科学的、有效的改革办法,实现中等职业教育的发展,满足社会对中等职业技术人员的需要。

一、我国中等职业教育管理的现状

我国中等职业教育管理的现状主要体现在教学管理的现状方面。其主要表现在以下 4 个方面。

(一)管理人员的发展现状

一直以来,我国的中等职业教育的管理者在服务意识和理念上都比较淡薄,甚至将服务置之不理。但是,中等职业教育是一个十分复杂的系统工程,其过程的每个环节、步骤都需要协调一致才能发挥作用。否则,任何一个环节的错误,都会产生牵一发而动全身的后果,进而出现教学秩序的混乱现象。因此,中等职业教育管理人员服务意识的缺陷必将影响整个教育管理工作。

(二)课程设置的发展现状

我国中等职业教育学校在课程设置的发展上也出现了一定的问题,主要表现为:课程的设置通常落后于专业的现实发展,而教师在进行教学的过程中又会以学科的内容为重点,进而使得学生的专业技能培养的范围受到一定的限制,在就业的时候缺乏竞争力,使其选择的余地比较小,甚至难以符合社会对劳动力岗位的需求,进而影响了学生的就业。

(三)教学培养的发展现状

我国中等职业学校在教学的培养目标上一直以来都比较缺乏明确、科学的定位,主要表现为以下两种情况:一是只关心教学的理论基础的培养,以期向普通高中靠拢,却不重视学生的技能训练这一教学特色;二是片面地对学生进行职业技能的训练,而忽视了教学中的理论基础知识的学习。

无论是上述哪种情况,对中等职业教育的发展都是极为不利的。因此,在制订中等职业教育的教学计划时,除了应将学校自身所具有的特色教学纳入培养的目标之外,同时还要注重学生在基础理论知识上的学习,通过这种方式培养的中等职业技术人才,有望成为未来生产线上的核心技术人员以及管理者。

(四)教学管理制度的发展现状

中等职业教育学校在教学的管理制度上还存在许多问题,例如:过于关注教学过程中微小的细节问题,虽为教学管理付出了很大的努力,但却无法在具体的教学中发挥实效;由于管理制度的不完善,导致学校在各个专业的前沿性教学管理上也十分缺乏。这就要求管理者对学校的教学管理有一个清晰、明确的目标,并确定专业发展的大致轮廓,进而系统、科学、全面地实现教学发展的目标。

二、我国在教育管理上的改革经验

新中国成立以来,我国的教育管理体制受到了国家政治、经济以及国内教育发展形势的巨大影响,呈现出一定的波折与变迁。最初的教育管理体制的出现是为了提高学习在管理上的效率,但随着教育的发展,逐渐变成促进教育公平的重要手段。在最开始的管理体制的改革中,还主要依靠的是政府力量的作用,进而过渡到教育的政策与法规共同发挥作用。

在"一五"计划期间,我国的教育事业在管理体制上实行的是"中央集中统一领导",这一时期中央对教育进行统一的宏观管理。1958年,政府对教育管理进行了一定的改革,这是新中国成立以来教育管理体制的第一次改革,促使了地方在教育事业发展上的积极性和热情。将中央的权力下放到地方,使地方拥有了一定的教育管理权力和领导权力。[①] 但是,由于这一时期政府对教育,特别是中等职业教育的管理经验的缺乏,使地方出现盲目发展的情况,教育逐渐脱离了经济与社会发展的需求。这次改革在权力下放的问题上出现了困难,没能起到促进教育的作用。

1961年初,中央政府针对上次改革的情况,开始了对职业教育的第二次教育管理体制的改革。1963年党中央与国务院再次提出了对教育事业进行统一领导。

在"文革"期间,我国的教育管理体制遭到严重的破坏。在这之后,教育管理体制又逐渐恢复了教育的分级管理体制。到了1978年4月,全国召开了教育工作会议,着手对学校进行整顿。

1985年,中共中央进行了新一轮的教育管理体制的改革。其核心内容是将教育管理的权力下放至学校,地方政府对学校的基础教育负责,采取了"分级管理的原则"。中央将权力下放到地方,地方政府再将权力下方到下一级的乡镇,最终将权力下放给校长。1986年国家颁布《义务教育法》,将"分级管理"这一体制用法律形式确定下来。1992年的《义务教育法实施细则》,进一步明确了"按省、县、乡分级管理"。而在1993年,国家出台《中国教育改革与发展纲要》,提出教育管理体制改革的最终目的是激发"各级政

---

① 陈孝彬.教育管理学[M].北京:北京师范大学出版社,1999.

府、全社会和广大师生员工的积极性"。① 通过教育管理体制的改革,极大地刺激了基础教育的不断发展。

目前,我国在教育管理体制的改革上仍在不断地深化,"十五"期间,政府对现代学校制度的建立进行了热烈的讨论,地方政府对基础教育阶段的现代学校制度的构建进行了积极的争取。在《2003—2007 教育振兴行动计划》中对学校的内部管理体制提出了改革的要求——建立现代学校制度。这一制度,明确了学校、社会与政府间的责权关系,促进了三者之间的相互联系,增强了其制度整合的意识。②

三、我国中等职业教育的改革

我国中等职业教育的管理体制形成之后,曾给我国的社会生产力的发展提供了一大批优秀的中等职业技术人才,进而促进了我国在职业教育方面的巨大发展。但是,随着我国在经济体制上进行的改革,使得当前的中等职业教育在管理体制上的弊端逐渐显现和暴露出来。要想实现中等职业教育的快速、稳定发展,就必须对其管理体制进行一定的改革。

改革在具体的实施过程中需要政府各部门以及中等职业教育学校的共同努力,才能完成。这就要求我国的中等职业教育改革处理好以下 3 个方面的关系。

(一)政府和学校的关系

过去,我国的职业教育改革都是依靠政府单方面的管理方式进行的,在之后的发展中,又逐渐过渡到以宏观调控为主的管理方式。我国也在长期的中等职业教育的管理体制中逐渐形成了一种定向思维。在经济体制改革的初期,政府仍对中等职业教育进行单项式的管理,仍带有严重的社会主义计划经济时期的直接性、指令性的管理特点,对中等职业教育进行了过严、过多、过死的管理。这就使政府无暇顾及中等职业教育在发展上制定的宏观规划以及相关方针政策、法规的统筹和制定等,进而偏离了正确的政府教育职能轨道,难以发挥其应有的作用。

同时,由于政府对中等职业教育学校管理的过严、过细,导致难以调动学校自身办学的主动性、积极性和热情,长此以往就会使学校缺乏创造意识、缺乏灵活性,进而形成对政府管理的依赖。此外,这种过分依赖,还会在

---

① 中共中央国务院. 中国教育改革和发展纲要[J]. 中国高等教育,1993(4).
② 李伟涛. 我国教育管理体制改革三十年述评[J]. 上海教育科研,2008(10).

一定程度上将学校自身封闭起来,进而缺少和市场的交流与沟通,缺乏一定的人才市场的信息收集,最终导致人才的培养和市场的需求之间出现差距,影响了学生的就业。这就说明,在教育改革的过程中处理好政府和学校的关系是十分必要的。

因此,政府以及其他相关部门一定要加强对中等职业教育的了解和认识,掌握中等职业教育学校办学的规律,转变对中等职业教育直接进行管理的形式,加强对其的宏观调控,逐步形成以政府的宏观调控为辅、中等职业学校进行自主办学为主的教育管理体制。同时,政府还应将权力进行下放,如中等职业教育学校的专业设置、人事任免、奖励制度等方面的权力,进而加强学校的自主管理。这就要求,一方面政府要利用多种形式和方法来制定整体的教育政策、规划,建立并完善科学合理的教育法规,健全中职教育的科学监督以及评估体系,将一切的行政以及经济手段都用于对中职学校的发展进行指导;另一方面,中等职业学校需对社会,特别是劳动力市场的需求进行及时的了解,对最新的技术信息进行搜集,进而建立健全学校的信息搜集机制,改善学校的管理与运作机制,促进自身的不断发展与完善。

总之,只有加强政府与学校的联系,将权力适当地下放给学校,才能实现二者在管理学校上权力与职责的明确分工,才能发挥二者的合力,促进中等职业教育改革的快速发展,培养更多的、更为优秀的中等职业技术人才。

(二)中央和地方之间的关系

我国有关中央和地方行政机构和部门在职业教育中的责任和权力,历来有着比较明确的规定。"国务院教育行政部门负责职业教育工作的统筹规划、综合协调、宏观管理。"[1]"县级以上地方各级人民政府应当加强对本行政区域内职业教育工作的领导、统筹协调和督导评估。"[2]

虽然,在20世纪90年代中期,我国各级政府已经意识到不同级别的行政部门在职业教育上的分工与作用并不相同。但是,将这一意识落实到职业教育的实处却经历了相当漫长的时期,直到今天,职业教育在具体的实践中才初步表现出这一意识倾向。例如,因为中等职业教育的发展和地方的社会经济二者存在着十分紧密的联系,所以社会各界达成了这一共识:由地方承担起兴办中等职业教育的主要责任。但是,这样也很容易将中央政府所发挥的作用忽略掉。因此,我国中等职业教育在某段时期发展困难的根本原因,很大程度上在于中央在政策上的引导不够合理,地方行政部门在观念上存在

---

① 选自《中华人民共和国职业教育法》。
② 同上。

一定的错误,进而使中等职业教育在发展上缺少较为清晰、明确的思想指导。

目前,我国在职业教育上的发展与规划已被中央政府纳入会议日程之中,这有利于中等职业教育的振兴和发展。我国在中等职业教育上的法规和文件的逐渐出台,激发了教职等工作人员的积极性和热情,中央政府对职业教育的指导与推动作用也显现出来,得到了社会的一致赞扬。

同时,地方的各级政府为了促进中等职业教育的不断发展,也逐渐在职业教育的协作和分工上达成共识,进而逐渐明确了地方级的省、市、县等政府部门在中等职业教育发展中的定位与作用。中央和地方明确各自的分工和职责,并进行彼此之间的良好沟通和协作,促进了中等职业教育改革的发展。

（三）政府各部门之间的关系

一直以来,我国的中职教育在管理体制上采用的是"条块结合,以块为主"的格局,其中办学和管理是结合在一起的。然而,各部门在办学时,通常只关心自身的利益,缺乏整体的、宏观的办学布局和规划,使得很多的教育资源难以发挥作用,出现资源配置的不平衡情况。

教育部下的中等职业教育学校,通常能够获得国家专项资金的支持,在办学的基本经费上有一定保障。因此,在师资队伍的建设上一般较为稳定。但是,教育部门缺乏一定的行业背景,进而使学校的基础条件较为落后,在师资队伍、实验实训的设备以及实习基地的建设等方面都不完善。

劳动部门下的中等职业教育学校,具有一定的行业背景,专业针对性比较强,因而在师资队伍以及实训基地等的建设上存在较大优势。但是,由于自主办学以及经济体制等的改革、某些企业的倒闭,学校面临着严重的经费不足,进而使其发展受阻。

因此,这就需要中央打破政府各部门之间的分割状态,加强彼此间的联系。2004 年 6 月,"教育部、国家发展与改革委员会、财政部、人事部、劳动保障部、农业部、国务院扶贫办七部门建立了职业教育工作部际联席会议制度"[①],以强化政府对职业教育的指导,进而对职业教育管理体制改革产生重要意义。

总之,在对我国的中等职业教育管理体制进行改革时,要特别注意协调好与教育管理有关的各方面力量的关系。同时,也要在协调关系的基础上做好办学和社会需求之间的对接,建立良好的教育管理体制,使改革能够顺利进行,进而促进中等职业教育的发展。

---

① 选自《中华人民共和国教育部公报》。

第三章　中等职业教育师资队伍建设

师资队伍建设是我国中等职业教育学校中最为基本的教学建设内容之一。师资队伍水平的高低基本决定了其办学能力、教学质量等方面的问题。由此可知,高素质、业务知识扎实的职业教师队伍建设不仅是我国发展中等职业教育的关键所在,同时也在很大程度上关系到高等职业教育院校能否快速、良好、健康发展战略目标的实现。

第一节　中等职业教育师资队伍建设概述

一、中等职业教育教师的基本工作

(一)帮助学生打好文化课基础

人类社会发展至今,在其漫长的发展过程中所累积下来的精神财富,如道德伦理、文化思想、风俗传统、文化与历史、科学知识以及哲学理念等,都是靠代代相传才得以保存下来的。其中,教师在人类文明的延续与再创造上起着纽带与桥梁的作用,是传统、文化等得以传承的关键所在。随着知识经济时代的到来,社会与科技日新月异的发展,教师的作用更加突出。

教师的基本工作在于培养学生扎实的文化知识与专业技能,这在职业教育中也同样如此。教师通过对学生进行文化知识、专业技能与教育思想等的传播,以此培养学生良好的道德品质与思想觉悟。教师通过对学生进行爱国教育与法制教育,从而帮助学生树立正确的世界观、人生观与价值观,使学生的性格、个性等得到全面、丰富、完整的健康发展。

与此同时,教师还要在学生专业技能的形成、智力的开发以及身体素质的培养等方面作出积极的努力。对于中等职业教育而言,教师不仅要重视文化课的教授,同时还应通过示范榜样、言传身教等方式对学生进行培养,以使其成为一名优秀的、具有高素质的公民。

(二)让学生掌握必备的专业技术知识

所谓专业知识,包括具体的生产方法、生产条件、生产过程、生产环境以及生产规范等,是以社会生产实践与科学规律相互结合而最终形成的。简而言之,专业知识是人们所从事某项职业必备的专门知识体系内容,在实际工作活动中决定着人们的工作质量以及工作效率。专业知识主要包括以下几个方面。

第一,科学的理论与实验结果往往构成了专业技术知识的最初来源,因此,对于专业知识的掌握,不仅有助于人们深刻理解相关技术领域的客观原理,同时还有助于形成遵循客观规律的工作态度,以此提高工作效率。

第二,实践也是专业技术知识的另一个重要来源,这种性质的专业知识是在对经验进行归纳与总结的基础上获得的,可以帮助人们进一步适应工作的实际需要与发展。特别是对以服务、管理与经营为主的职业而言,人们对专业知识的掌握程度将直接影响工作的实际效果。

第三,专业技术知识本身所具有的科学性特点,有助于学生在学习的过程中形成一种科学的精神与态度,对学生的创新意识与创新能力的形成非常关键。

总的来说,学生对专业技术知识掌握得越精确,其在行业领域的实际操作与应用中也就越规范。有鉴于此,在中等职业教育实际中,教师必须让学生充分、全面地掌握其专业技术知识。

(三)培养学生良好的职业道德

所谓职业道德,主要是指人们在从事一定职业过程中所要遵循的基本准则与道德规范。其不仅包括该职业人员的基本义务,同时还是从业人员在职业行为中所必须遵守的道德规范。职业道德不仅是对人们的外在行为的规范,同时它还能够内化为人们的职业态度与职业价值诉求。一个具有协作精神,职业道德良好的从业者,不仅能够在工作中将自己的职业技能发挥到极致,还能够创造更多的价值。

此外,良好的职业道德有助于克服人们陈旧的传统观念、提高从业者积极主动性、明确生产劳动的作用与地位的认识等。有鉴于此,我国的中等职业教育院校的教师,不仅要培养学生的文化知识与扎实的专业技能,同时还要注重学生职业道德的培养。

（四）帮助学生形成专门的职业能力

所谓专门的职业能力，就是指人们在从事某职业之时，对专门的工具、专业化的设备以及使用管理方法时所具备的专门的综合技能，这是顺利完成这项职业中某一具体工作的一项最为基础的条件。对于从业者而言，对于专门的职业能力的掌握与熟练应用，有助于快速、准确地解决实际工作中出现的问题，同时还能进一步提高从业者在该行业中的职业形象与声誉。

随着社会的进步与科技的迅猛发展，高新技术已经渗透到我们生产、生活、管理等各个环节中，从业者要想在未来社会中获得竞争优势，就必须对专门的职业能力进行熟练的掌握与运用，同时还必须具备创新知识应用与创造精神的培养。鉴于专门的职业能力如此重要的作用，在中等职业教育中，教师必须注重学生专门的职业能力的培养，这同时也是中等职业教育教师的一项基本任务。

（五）积极开展教学研究

所谓开展教学研究，从根本上而言是由教师的本质所决定的。中等职业教育院校的教师要提高自身的教学、科研水平，也要进行大量的教学研究。教师通过教学研究，有助于相关教学信息的筛选，在教学实践的过程中对其进行检验，并根据研究对象对教学现象进行研究，通过举例、说明、比较、描述等方式，总结并归纳出教学经验。这样一来，通过教学理论与教学实践的交叉融合，不仅提升了教师的职业素养，同时还使得教师能够准确地把握不同学生的特点，因材施教，提高了教学效果。

教学研究与教学实践是相辅相成、相互促进的，教师通过大量的教学研究，不仅有助于其在实际教学过程中改进教学方法、更新教学理论、了解最新的教育研究动态，同时还有助于教师的教学技能与教学质量的提升。当今世界是一个充满了无数变化与快速发展的时代，中等职业教育教师需要积极地进行教学研究，更新教学内容与教学理念，不断提升自己的教学水平，只有这样才能得到认可与尊重，否则就会被社会所淘汰。

（六）推广实用科学技术

充分利用校内的软件技术与硬件设施，推广使用科学技术的研究与应用，这是中等职业教育学校教师的一项非常重要的工作。首先，教师的推动不仅有利于实用科学技术的研究及其应用，同时还能使该校推动当地的经济发展，实现人才辐射与技术辐射。教师对实用科学技术的推广，不仅能够产生人才效益，同时还能够产生经济效益。这也是中等职业教育教师与其他教育类型的教师的根本区别,同时也是中等职业教育院校的办学特色的集中表现。

一般而言,中等职业教育学校不仅负责专业性人才以及技术型人才的培养,同时还担负着当地部分产品与技术的研发与推广工作。

（七）对学生进行就业指导

随着国家在经济体制以及教育体制等方面的变革,双向选择的人才选用机制已开始在全国范围内普遍使用。一方面,用人单位可以按照自身的实际状况、生产需要与发展需要,来自主地选择劳动者;另一方面,在符合国家政策规定的前提下,劳动者还可根据自身的兴趣爱好或能力自主选择所从事的行业与领域。有鉴于此,在这种新的就业形势与环境下,中等职业教育的教师就必须对学生进行就业指导。

就业指导从本质上而言是一项系统工程,主要按照学生本身的特点与用人单位的实际需求,做好学生、学校、社会、用人单位之间的沟通。就业指导的根本目的在于帮助学生树立正确的职业观,使学生对自己的专业有一个正确的认识与一定的了解,从而使学生能够从实际出发选择适合自己的工作岗位,并在日后的工作中充分发挥其优势。

中等职业教育主要用于培养社会上各个行业、各个领域急需的技术型人才与专业型人才。教师和学校对学生所进行的就业指导就非常有意义。教师正确、有效的就业指导,不但有助于学生理性选择与自己兴趣、特长相符合的职业,同时还能提高教育的实际效益,以免造成人力资源的浪费。

基于以上论述,首先,中等职业教育学校的教师必须与自己的实际教学工作相结合,进一步深入研究与本专业相关的行业或领域的变化发展状况,对其总体趋势进行综合分析判断,除此之外还要结合各个学生的个性差异进行相关了解,通过有效措施的实施来对学生进行就业指导。

二、中等职业教育的师资队伍结构建设

从不同的角度可将中等职业教育的师资队伍结构分为梯队教师结构、专任教师结构、专兼职教师结构以及"双师型"教师结构等。通过长时期的大量研究发现,我国教育部对中等职业教育的师资队伍结构提出了更为明确的具体要求。

（一）教师梯队结构建设

在中等职业教育学校中,教师的梯队建设是一个正向的金字塔形,其目

标是建设一支教学经验丰富、专业技术优秀、科研水平高超、高学历高职称的教师队伍。中等职业教育学校的发展,需要在学术带头人、专业带头人与骨干教师的梯队结构建设方面多下工夫。除此之外,还必须培养教师的道德素质与人格魅力,使其自身得到全面的发展。教师梯队结构建设还必须有政策上与制度上的奖惩措施。有鉴于此,中等职业教育院校在教师的培养方面,还必须加入竞争因素,对选拔出来的优秀的青年教师进行重点培养,以此来加强学术带头人、专业带头人以及骨干教师等的梯队建设,最终形成一支较稳定的、科学合理的梯队教师结构。

(二)专任教师结构建设

近年来,随着中等职业教育办学能力的逐渐提高与办学规模的不断扩大,新来的专任教师基本来自于高等学府,校内 40 岁以下的青年教师占比较大,有研究生学历的教师所占的比例与高级职称比例较低,中等职业教育的师资结构状况不够合理,与普通高等职业教育学校和普通高等学校相比,依然存在着非常大的差距。

在中等职业教育学校任教的专任老师主要有 3 种类型:基础理论课教师、专业理论课教师以及实验实训课教师。具体如下。

第一,所谓基础理论课,主要包括专业基础课与文化基础课,在内容方面的编排上以中等职业教育的课程标准来进行编写,以学习、掌握理论知识为重点。这与普通高等教育学校并无本质上的区别,仅有的差别在于中等职业教育的教师在教学过程中,侧重于实际应用部分的教学。

第二,所谓专业理论课,其主要目的在于满足学生专业所涉及的相关的社会行业,以及领域的实际需要,具有很强的针对性与实用性。因此,在实际的课堂教学过程中,更加偏重于与本专业有关的实际工作经验与技能的传授。

第三,对于任教于实验实训课的教师而言,他们更注重学生智力开发、创造能力的培养等相关教学。其课程设置主要包括实习、实训、毕业设计以及实验课等。实验实训课的根本教学目标在于帮助学生形成某种专业的职业技能。换句话说,实验实训课主要是一种关于社会实践能力的相关培养,从而使学生在面向社会求职的过程中,更加符合社会用人单位的实际需要。

(三)专兼职教师结构建设

为了实现对中等职业教育学校的人才培养,加强实践教学环节,改善校内的教师结构,因此需要建立起一支高水平、实践能力强、具有师德修养的兼职教师队伍。这从一定程度上完善了中等职业教育教学的师资结构,为中等职业教育的发展提供了丰富的教师资源。

这里有一点值得注意,兼职教师并不等同于平常校外兼职课程教师,而是根据教育部所提出的规定来选择的兼职教师,其主要来自于社会或用人单位的技术人员与专家。这些教师不仅能够独立担当一门专业课教学活动的实践教学任务,同时还具有非常专业、高精准的实践能力。

通过聘请兼职教师,这对整个中等职业教育学校的师资队伍建设与实用型人才的培养都具有非常重要的意义,其丰富的内涵与意义主要包括以下几个方面。

1. 缓解了中等职业教育中当前专职教师的数量不足

近年来,随着我国改革开放的不断深入与经济的迅猛发展,中等职业教育无论从办学规模、招生对象方面都作了一定的拓展与延伸。在这种情况下,之前的专职教师已不能满足实际的需求,在实际的教师队伍中,也经常出现理论课与文化基础课教师偏多,而实践指导教师偏少,从而使得实践教学课程难以开展,更无法满足对学生的正常专业教学的需要,因此制约了中等职业教育教学质量的提高。有鉴于此,中等职业教育学校想要获得进一步的发展,就必须按照实际的教学需求,从社会或企事业单位聘请工作经验丰富、专业技术水平优秀的专家与技术人员作为本校的兼职教师,以此缓解专业教师特别是实践工作教师严重不足的情形,在实践教学方面更加具有针对性与实用性。兼职教师的聘用不仅使中等教育院校的师资队伍结构得到了优化,同时还有助于提高学生的实际操作能力与正常的教育教学秩序的维护。

2. 使教育教学内容更加贴近实际工作的需要

兼职教师基本来自于生产、建设、管理、服务一线工作中,因此其不仅有着扎实的专业技术,同时还具备非常丰富的实际工作经验。这对于中等教育学校的学生而言,不仅有助于他们了解所学专业对应的工作与职业的现状,同时还有助于提高学生自身的专业意识,从而使学生在校期间,就能够带着一定的职业指向性与目的性去学习,培养学生的工作能力,以此适应其将来的工作需要。

3. 降低了教育成本,方便管理

由于兼职教师不受编制制度的限制与影响,因此不仅能够减少编制,降低中等职业教育学校的办学成本,方便了学校的管理,同时还能够有效提高教学的效果。

4. 促进中等职业教育教学的改革

一般而言,学校所聘用的兼职教师大部分来自各行各业,因此,他们除了具备各自不同的专业技师知识与技能外,还有可能在实际教学过程中,对现阶段的教学提出全新的思路与理念。有鉴于此,对于他们的建议或意见的吸纳不仅能够有效打破中等职业教育学校完全封闭的状态,还有助于促进教学改革与专业课程的设置,以此培养学生的动手操作能力,进而全面提升学生的素质,有助于教师教育教学目标的实现。

5. 有利于学校与社会之间联系的进一步加强

兼职教育来自于各行各业中的各个领域,他们在中等职业教育学校从事相关的教育教学与科研等工作,不仅有利于加强学校与社会的联系,还能够加强与用人单位的联系。通过这种沟通与合作,兼职教师不仅能够在学校内建设科研基地与实习基地,同时还为学生走入用人单位进行相关的实习、试岗提供了便捷。从这种意义上说,兼职教师起到了学生就业的桥梁与纽带作用。此外,中等职业教育学校还可以选派优秀的教师到用人单位参与交流与科研、推荐优秀毕业生,从而实现学校与用人单位的双赢。

(四)"双师型"教师结构建设

所谓"双师型"教师结构,主要是指在以往偏重理论水平建设的师资队伍建设的情况下,突出当下实践教学环节的重要性,将传统的理论教学与实践教学有机结合在一起,为了更好地培养实用型的人才而提出的教师执教理念。有鉴于此,我们可以认为"双师型"的教师结构不仅能够改变传统中等职业教育中重理论、轻实践的现象,同时还是中等职业教育师资队伍的显著特征,以便于建设具有现代精神的中等职业教育。当前,对于"双师型"的教师结构的理解比较多,主要表现在以下两个方面。

其一,"双师型"教师不仅有助于教师开展课堂教学,同时还是一名具有良好的职业道德素质与专业知识过硬的技术人员。

其二,"双师型"教师不但可以从事与专业有关的学术理论研究与教学,同时还可以成为开展实践教学的部分。

概括而言,处于"双师型"教师结构中的教师,必须同时具备"专业技术资格证书"与"教师资格证书"。但是,就我国目前的中等职业教育学校的发展状况而言,大多数教师都是在学科型人才的培养模式下培养出来的,相对缺乏实际的社会工作经验,因而很难获得"专业技术资格证书"。这样一来,就会将一些具备相关专业的理论知识,也具备相应的实践技术,却没有双职业资格证书,但在客观上具备了双师素质的教师称为"双师型"教师。在中等职业教育发展的今天,对于这种类型的"双师型"教师的需求还是比较大的,其不仅可以担当理论教师,同时还能够担任实践教师。

与此同时,教育部在《高职高专人才培养工作水平评估》中对于"双师型"教师作出了明确的界定,其具体主要有以下几方面的内容。

1. 具有一般双师素质的教师

这类教师主要是指具备讲师(或以上)教师职称,还具备以下条件之一。

(1)在最近5年中,有两年企业一线本专业的实际工作经验,或参加教育部组织的教师专业技能培训,获得了相应的合格证书,能够全面地指导本专业学生的实践活动。

(2)在最近5年时间中,主持或参加了两项学校内部的主要实践教学设施建设或提高技术水平的设计工作,收到良好效果的同时还在省内的同类院校中处于先进水平。

(3)在最近5年时间中,主持或者主要参与了两项应用技术的研究,其科研成果目前已被相关企业所应用,其效果非常良好。

2. 真正的"双师型"教师

所谓真正的"双师型"教师,必须具备讲师(或以上)教师职称,具备本专业的中级技术职称(包含行业特许的资格证书及其专业资格考评员资格),如经济师、工程师等。

三、中等职业教育教师的素质要求

中等职业教育教师的综合素质,不仅决定了中等职业教育学校中学生的质量水平,同时也是衡量该教师是否能够承担教师本职、完成教学任务,实现教学效果最优化的基本条件。由此可见,一名合格的中等职业教育教师必须具备各方面的综合素质,如准确的角色定位、渊博的文化知识、精深的专业知识、良好的职业道德、全面的教学能力等。

(一)准确的角色定位

教师角色是一种较为特殊的行为规范体系,是由教师的职业观念、心理品质、本职职责、职业行为等共同决定的。教师这一职业自从诞生以来,就被人们赋予了更高的期望与尊重,如教师是博学之才、谦谦君子、诲人不倦、和蔼可亲等,无形中从侧面反映出了社会对教师职业的期许与赞美。对于教师而言,其职责、职业观念等都体现出了对教师角色的性质、价值的理解与判断,同时也是教师独有的思想调节机制。一个人如果缺乏树立正确的教师职业观念与健康的教育价值观,那么就无法融入教师角色。基于此,我们可以认为,良好的教师职业观念是教师进行创造性劳动的基本条件,同时也是教师职业行为的来源,对教师的职业发展起着非常重要的调节与促进作用。

教师角色的心理品质主要包括对学生的关心与爱护、公平处理教学过程中出现的问题以及教育理想等。教师角色的行为习惯主要有规范的言行举止、正确处理同事之间的关系、道德自律、创造性地完成教学任务、友好地对待每位学生及家长等诸多方面。

此外,基于中等职业教育教学活动的复杂性以及教师角色多样化的特点,如在各种教学活动中教师所扮演的教育者、辅导者、管理者、示范者与监护者等。有鉴于此,教师必须学会协调上述各种角色之间的关系,从而使教师角色能够进入正常化的发展。

(二)渊博的文化知识

对于文化知识的掌握是学生全面发展中不可或缺的一部分,从中等职业教育的教师的角度出发,要对学生进行文化知识的传授,自己首先必须具备渊博的文化知识,这集中表现在以下几个方面。

其一,对于正在接受中等职业教育的学生而言,他们正处在一个不断成长与成熟的发展时期,不仅拥有强烈的求知欲与好奇心,同时其兴趣爱好也比较广泛。有鉴于此,教师必须满足学生的这种求知欲求。

其二,在中等职业教育学校中,其各个学科知识与课程之间都不是相互孤立存在的,教师必须在清晰的知识结构与严谨、缜密的逻辑思维方面对学生进行思维训练,这也要求教师必须具备体系完备的知识结构。

其三,从更深层次进行分析,渊博的文化知识有利于完善人格的发展。教师对文化知识的大量学习与掌握,不仅有助于巩固、提升自身的认识与觉悟,提高其辨别善恶美丑的能力,同时还有助于正确看待自己的职业、岗位,理性对待其自身的地位与荣誉等。

其四,从中等职业教育的发展需求进行分析,社会实际需要的不断变化促进了社会职业特征与职业结构的变化发展。在这种情况下,教师也应该按照实际的发展情况及时、有效地调整自己的教学内容与教学方法,而渊博的文化知识对教师的调整与教育改革也就起到了保护作用。

此外,基于中等职业教育学校不同的专业设置与调整,其要求教师必须具备一专多能的综合能力。而这种特殊的综合能力的形成同时也需要广博的文化知识作为支撑。

(三)精深的专业知识

中等职业教育的教师除了渊博的文化知识与适当的教学方法外,还必须具备精深的专业知识,只有这样才能将学科知识系统地传授给学生,保证最优教学效果的实现。基于此,这对中等职业教育的教师提出了更高的要求,教师不仅需要精通本学科的系统知识,同时还要熟悉学科基本结构以及各部分之间的内在联系,以掌握最新的学科研究动态。教师只有在具备了精深的专业理论之后,才能够全面、深入地理解教材内容,对教材进行灵活处理,从而以深入浅出的方式对学生进行讲解,便于学生理解与掌握。

中等职业教育教师对专业理论的掌握程度,对其教学质量与教学效果往往能够形成直接的影响。除此之外,中等职业教育学校的学科知识,其不仅集中体现在对学生的教育之上,同时也能够直接进行自然环境与社会环境的改造,鉴于学科知识的特点及其重要性地位,作为一名合格的中等职业教育教师必须具备精深的专业理论,并将其应用于实践中。

(四)良好的职业道德

教师的职责在于"传道、授业、解惑",要达到这3种境界,教师自身必须具备良好的职业道德素养,尤其是对中等职业教育学校的教师而言,其必须具备以下几个方面的职业道德。

1. 坚持中等职业教育的办学方向

作为一名合格的中等职业教育的教师,必须坚持正确的办学方向。其不仅要求学生熟悉国家最近的方针政策,自觉遵守关于教育、教师的各项法律法规,同时还要全面贯彻教育思想,实施素质教育与综合教育,从而使学生获得德智体美劳等全面发展。

2. 刻苦钻研教学

对于中等职业教育的教师而言,其不仅要树立终身学习的思想,努力改进自己的教学方法,同时还要形成独具特色的教学风格,使自身的教学水平与质量得到进一步的提高。此外,教师还要积极探索教学规律,掌握现代化的教学手段,了解最前沿的教学信息,勇于创新,善于挑战自我以及陈旧的教育观念。

3. 为人师表

为人师表是教师的师德修养与道德修养的最重要的方面,尤其是对中等职业教育的教师而言,不仅要在平时的学习、工作以及生活中养成良好的言行举止,为学生树立模范带头作用,同时还须加强自身的人格修养,展现良好的教师形象。此外,还必须严于律己、宽以待人,保持优良作风,在工作岗位上作出无私的奉献。

4. 团结合作精神的养成

作为一名合格的中等职业教育教师,其一,要有宽阔的胸襟,尊重其他教师与学校领导;其二,要在繁杂的工作中与其他教师进行相互之间的学习、帮助,正确处理竞争与合作的关系;其三,必须拥有较强的集体荣誉感,提高与他人进行沟通、交流与合作的能力。

5. 教师要关心、爱护学生

对于中等职业教育的教师而言,不仅要学会热爱所有学生,对待每一名学生都要时时刻刻体现出公平的原则,同时还要深入了解学生不同的性格与想法,公正地处理所遇到的问题,对学生的人格与隐私予以充分尊重。除此之外,还必须对学生进行严格要求,根据每个学生的实际状况进行因材施教,从而与学生建立健康、和谐的师生人际关系。

6. 教师要热爱职业教育

作为中等职业教育学校的教师,不仅要对教育事业充满热爱与热情,同时还必须树立正确的教育价值观与理念,自觉遵守学校内部的各项规章制度。除此之外,还必须按时完成教学任务,以饱满的热情积极地参与到职业教育教学的改革当中。

(五)全面的教学能力

从实质上而言,中等职业教育教师的教学能力不仅是一种综合能力与全面教学能力的体现,同时还是教师将自身所掌握的知识转化为学生知识的过程。教师全面的教学能力主要包括以下几个方面的内容。

1. 教师的普通话技能

对于中等职业教育的教师而言,其普通话技能主要是指必须依照国家颁布的《普通话水平测试标准》,达到国家规定的二级甲等水平及以上。教师语言表达能力中还包括演讲与朗诵等方面的能力。在中等职业教育学校的各项教学工作中,教师必须使用普通话进行教学,其中还要做到口齿清晰、语言富有情感、流畅等特性,最重要的是必须具备逻辑性与科学性。

2. 教师应用现代教学媒体的能力

为了适应时代的快速发展与中等职业教育教学的变革,现代教师首先必须具备使用现代化教学媒体的基本知识,必须熟练掌握现代教学媒体的具体使用操作;同时还必须具备一定的电教教材的编写能力。

3. 教师的组织能力

对于中等职业教育的教师而言,不仅必须具备组织课堂、进行教学管理的能力,同时还要能够对学生正在进行的一些课外活动进行组织与指导。此外,教师还必须对学生课外活动的内容、形式有一定的了解,从而能够积极组织学生开展课外见习与实习活动,同时还必须具备独立设计与研究相关活动方案的能力。

4. 教师进行教学研究与评价的能力

首先,中等职业教育的教师不仅要对教学研究的特征、过程以及方法进行一定的了解,同时还必须具备选择教学研究选题与设计的能力;其次,能够针对实际教学工作中所出现的具体问题,运用一定的策略进行研究;最后,必须对中等职业教育学校的评价对象、方式方法以及作用等进行充分的把握,同时还要对教学评价的基本原则与规定灵活掌握,只有这样,才能保证教学评价工作的顺利实施。

5. 教师的计算机辅助教学技能

对于现代教师而言,只有掌握计算机辅助教学的技能,才能更好地开展教育教学工作。这需要教师对计算机辅助教学的基本原理、基本模式以及计算机教学课件的设计原则与方法进行深入的学习与熟练的掌握。

6. 班主任的工作能力

对于中等职业教育的教师而言,不仅要对正常的教育教学工作、科研工作负责,其中一部分教师还会担任班主任的角色。有鉴于此,教师必须深入、全面地了解班主任工作的实质内容,熟悉帮助他人工作的基本原则与方法,同时还要对其所带班级进行有效的管理。

第二节 中等职业教育师资队伍建设所存在的问题

随着知识经济时代的到来与改革开放的不断深入,我国的中等职业教育事业取得了长足的进步与发展。然而与国外的职业教育相比,我国的中等职业教育起步时间较晚,而师资队伍的整体素质与水平仍落后于西方发达国家的职业教育目标。基于此,我们应对当前的中等职业教育教师队伍建设中存在的诸多问题进行分析研究。

一、教师的教育理念与知识结构亟须更新

过去很长一段时间,那些从事职业教育的学生,经常会被认为是"低层次"的教师,由于受到这种根深蒂固的观念的影响,因此许多中等职业教育学校的教师面对教育,经常表现出主动性缺乏、动力不足的现象。其一,对一些教师而言,教学只不过是他们的一种谋生手段而已,缺乏对中等职业教育事业形成真正的深入理解;其二,由于教师对中等职业教育学校的学生缺乏足够的耐心,便经常有"教"而不"育"的现象出现;其三,在许多大学本科教师中间,也经常有走穴现象出现,因此这就使得教师在中等职业教育教学过程中容易出现学科化的倾向;其四,中等职业教育教师的教学理念还停留在传统教育模式的改良阶段,一些教师严重缺乏现代教育意识与创新意识,从而导致其教学方法陈旧,教育思想落后;其五,一些中等职业教育教师还仅仅停留在对原有的知识传授方面,根本无法实现自身知识与教学目标的更新,同时还在中等职业教育培养目标与教学方法方面缺乏相应的研究,无法形成思想观念上的转变。

由此得知,目前我国的中等职业教育的师资队伍尚难以适应社会的变化与发展,难以适应新的形势、新的情况以及新专业的实际要求。

二、师资队伍结构的不合理

就目前而言,我国许多中等职业教育学校为了实现本校的宏远发展目标,不仅对硬件设施建设非常重视,积极改善办学条件,同时还将师资队伍建设作为学校改革的重点内容来进行。

师资队伍建设作为中等职业教育学校改革的重要组成部分,学校在这方面投入了大量的人力、物力与财力。与前些年相比,我国的中等职业教育学校的教师无论在工作能力与学历层次上,还是在教学水平上,都有了显著提高。比如,拥有高级职称的教师在整个教师队伍中所占的比重正在连年增长,具有本科学历的年轻教师已经成为中等职业教育教师队伍的中坚力量。通过对高水平教师人才师资的引进,我国中等职业教育学校的师资队伍结构得到了非常大的改善。

在当下阶段,首先,由于中等职业教育学校的师资力量的过大投入还未能与学生规模的快速增长以及教学质量的提高实现和谐、健康的同步发展,因此还存在非常大的缺口。尤其是随着这几年中等职业教育学校办学规模的迅速扩大,从而导致专人教师出现严重不足的现象。

其次,中等职业教育的教师学历结构水平呈现普遍较低的状态,拥有研究生学位的教师也十分匮乏,教师受教育层次整体水平偏低。对于中等职业教育而言,学位水平不仅是教师学术水平、知识层次与视野的显现,而且还直接关系到我国职业技术人才的培养、科技的开发、对社会的服务以及文化创新等实际功能的发挥,同时还对学生学会学习、学会做人以及良好职业综合素质的提高产生了直接的影响。

再次,在我国的中等职业教育学校中,具有研究生学历的教师占总教师数量的比例严重不足。我国早在 2005 年就提出了职业技术学校拥有研究生学历的教师比例要达到 30%,到目前还无法达到。我国的中等职业教育与世界其他发达国家还存在着较大差距。

最后,在我国许多中等职业教育学校中,目前 40 岁以下的青年教师是教学科研的中坚力量。然而在这群教师中间,拥有中级及以下职称的教师较多,职称结构也缺乏合理性,中等职业教育教师队伍的年龄出现明显的"断层"现象。高级教师的年龄老化现象非常突出,由于职称机构设置的不合理,从而导致中等职业教育严重偏向理论教学。有的学校在对学科体系重新设置与大幅度调整后,致使传统的专业出现严重的萎缩,而新增专业大量出现后,与其对应的教师职称却较低,人数也相对较少。

此外,在中等职业教育学校中,一方面骨干教师由于数量少,且普遍年龄偏大;另一方面,由于当下学校还未能形成成熟的专业带头人,各个行业的名师又较少,从而导致我国的中等职业教育骨干新老教师交替面临严重的局面。

三、具有双师素质的教师数量偏小

首先,在中等职业教育发展的今天,尽管中等职业教育学校在"双师型"

教师队伍的培养方面非常重视，但就目前的发展情况来看，其还不能适应中等职业教育的实际发展需求。一是教师的来源渠道较为单一，许多都是刚从高校毕业的应届生；二是教师队伍中具备实践能力、操作能力、组织能力以及现场教学能力的教师还比较缺乏。在这种情况下，其与中等职业教育学校需要的"双师型"教师还存在着较大差距。

其次，近年来在中等职业教育学校方面，尽管对从企业引进人才比较重视，但在人事管理制度方面却设置了过多权限，从而使得中等职业教育学校缺乏一定的用人自主权，在一定程度上制约了"双师型"师资的引进。

再次，我国的产学合作、产学研结合目前而言还处于初级发展阶段。立足于科技开发与社会服务的职教体系在大多数中等职业教育学校还没有真正形成，产教相结合的教育模式还没有形成规模化的发展。而中等职业教育学校教师的科研能力还比较薄弱，对待教师下厂进行实践，企业方面并不是很积极，有的企业对教师参加顶岗生产实践甚至出现拒绝的现象，由此，中等职业教育学校参加社会实践变得非常困难。

最后，由于受到连续扩招等多种因素的影响，中等职业教育学校的办学规模正在迅速扩大，而职业教师的编制却并未随着学校规模的扩大出现一定的增长，反而呈现出紧缩的局面。专人教师几乎每天面临着超负荷的工作任务，因此他们很难有机会和时间到生产一线进行锻炼与提高。

此外还有一点值得重视，目前教师深入企业一线，进行科研与服务的工作机制还并未形成，这也导致了教师实践的机会与场所相对较少，因此这也直接影响了我国中等职业教育教师的"双师素质"的提高。

四、兼职教师的缺乏

伴随着我国改革开放 30 多年来的发展，中等职业教育学校在兼职教师队伍的建设方面已取得了一些成绩，同时还积累了一定的经验。但从总体上来说，中等职业教育学校在兼职教师聘任制度以及与之相配套的管理方面依然存在许多问题。

其一，由于中等职业教育学校规模的扩大，专任教师的数量十分有限，致使兼职教师队伍得到了一定的发展，但一直以来依旧缺乏相应的稳定性与长期性。一些课程时间设置较长的学科，教学的连续性与持续性很难得到保障。在中等职业教育学校中，兼职教师不仅对学生的学习情况缺乏基本的了解，同时在教学的效果与质量方面很难得到保证，也很难做到针对不同学生群体的实际情况进行因材施教。

其二,在兼职教师的聘用与管理方面缺乏有效的监管机制。一些中等职业教育学校为了完成计划内的教学任务,对教师的聘任把控力度不够严格,仅仅只是停留在教学任务的完成这个浅表的层面上。一些学校仅从自身的经济利益出发,而不愿意高薪聘请知名度高、教学效果良好、责任心强的兼职教师到本校任教。

上述这些因素在一定程度上不利于教师队伍的稳定发展,同时还影响了中等职业教育学校教学质量的提高。

五、科研水平不高,定位不够准确

中等职业学校作为人才培养的一种非常重要的教学实体,不仅要重实践操作,同时还需要进行科学研究,提高学校的学术地位与教学质量。基于过去中等职业教育学校在办学能力、教学体制等方面的问题,致使许多学校目前仍未争取到科研项目,学校的整体科研气氛不浓,教师的科研观念也非常薄弱。

一方面,一些学校认为只要把教学工作做好就行了,从而将教学工作与科研工作完全对立起来,因此造成教师发表论文的数量过少、科研获奖情况也较少、科研项目也相对较少。

另一方面,一些中等职业教育学校对科研定位不够准确,盲目地照搬普通高等教育的经验,还没有在技术开发与服务中找准本校的落脚点,从而对其科研水平的提高造成了直接影响,同时也使学校名誉的提高受到了一定的间接影响。

六、教师的培训机制尚未形成

针对中等职业教育教师整体水平偏低的情况,政府以及相关部门进行了一定的投入,对于教师的培训也得到了一定程度的提升。但从总体情况而言,其投入的力度还远远不够,师资队伍的机构水平与机制方面并没有发生本质性的改变,师资队伍的建设尚未完全适应中等职业教育事业快速发展的要求。目前,我国的中等职业学校在师资培训方面集中表现为以下几种。

(一)在高等学校进行脱产教育培训

为了提升本校教师的知识学历层次与教学科研水平,一些中等职业学校选派部分优秀、有发展潜力的教师,去国外、综合类大学或示范类院校进行一定时期的脱产教育培训。由于目前中等职业教育学校教师数量的严重匮乏，因此还无法大面积选派教师进行脱产教育学习。

（二）深入企业一线进行实践锻炼

一些中等职业教育学校将本校教师选派到一些专业对口的企业进行实践锻炼，从而使这部分教师能有机会参与企业生产过程的管理与设计工作，从而通过在企业一线进行实践锻炼的机会使教师的实际操作技能与实践教学能力得到一定程度的提高。但实际的情况并非如此，一方面，企业由于受到客观条件的制约，因此不一定对教师进入企业实践锻炼会予以主动配合；另一方面，教师本人也由于日常教学任务过于繁重，致使其根本没有时间与集中精力深入企业一线进行实践锻炼，这也就根本无法达到预期的效果。此外，由于目前对于中等职业学校教师的在职培训还没有形成，尤其是在社会实践能力培养方面尚未形成有效的机制。

（三）到培训基地进行在职学习

我国的教育行政部门目前已经在全国大部分地区设立了中等职业教育师资培训基地，中等职业教育学校一般可利用节假日等业余时间，选派本学校的教师到师资培训基地进修，进行补偿性教育。

然而，由于这些培训基本上所采用的是班级制组织形式，因此多以课堂讲授法为主，从而致使大多数教师的学习都比较被动，导致其主观能动性不能得到充分发挥。因此这部分教师在培训过程中所学到的知识或技能，很少能在实际课堂的教学中得到应用。

第三节　中等职业教育师资队伍建设的发展趋势

一、关于师资培养基地的建设

在加强中等职业教育学校师资队伍建设方面，教育行政主管部门首次必须加强相关的法律政策制度，以此推动并指导各个地区、各学校师资队伍建设的工作；其次，要使中等职业教育学校师资队伍的培训工作有进一步的提升与发展，就必须委托一些经济、教育较发达的省市地区进行中等职业教育师资专门培训基地的建设；最后，建设师资培养基地，从而为那些具有发展潜力的中青年教师创造良好的培养环境。

在我国的中等职业教育师资培养基地的建设方面,其主要可以分为以下 4 个层次。

第一层次的培训基地,在一些重点高校增设或将部分高等院校改为职业技术师范学校,其不仅能够使现有高校的资源与优势得到最大发挥,同时还可以为中等职业教育培养出大量的师资人才。

第二个层次的培训基地,其主要是指建设专业化的职业技术师范大学,从而培养具有高水平、高能力素养的中等职业技术教育教学人才。

第三个层次的培训基地,其主要是指与国外高校、企业进行合作,不仅能够适合中职教育教师学习的培养与培训基地,还能培养大量的外向型师资力量,同时还能与国际中等职业技术教育实现真正的接轨。

第四个层次的培训基地,其主要是由高校与国内的大型中外企业或民营企业进行合作,成立中等职业教育教师的培训中心,并以此形成了优势互补、资源共享的发展局面,从而培养出更多具备应用型技能的技术人才。

二、关于在职教师的再培养

关于在职教师的再培养是我国中等职业教育学校中一项非常繁重的工作,是提高中等职业教育学校师资队伍的整体水平与综合素质、保持中等职业教育质量与教学水平不断提升的重要途径之一。因此,对在职教师进行再培养时,必须做到因材施教、量体裁衣、有的放矢,从而使中等职业教育学校教师的素质得以提升。对于在职教师的再培养主要表现在以下 4 个方面。

(一)提高在职教师的学历层次

首先提高在职教师的学历层次,这是提高我国当前中等职业教育学校师资队伍学历普遍偏低状况的重要途径,同时也是经济社会发展的必然结果。

其次提高在职教师的学历层次,不仅有助于改善教师陈旧、固化的知识体系,同时还是在职教师了解、掌握本专业前沿技术与科研成果的教学需要。

鉴于此,中等职业教育学校必须有计划、有目的、有组织地依据合理比例来提高在职教师的学历层次。

(二)提高和强化在职教师的教学基本功

中等职业教育学校的师资队伍的主体大部分来自于非师范类院校,鉴于此,在对中等职业教育教师进行培训时应将重点放在教学基本功的训练上,尤其是对青年教师更要注重这一点。

通过对中等职业教育教师的教学基本功进行培训,不仅能够使中等职业教育教师熟练掌握中等职业教育的教学规律,精通教育教学方法,还能使教师运用心理学与教育学的相关理论解决实际教学过程中遇到的各种问题。由此使中等职业教育教师实现工程型人才向教师角色的转变,最终成为成功运用教学艺术的优秀教师。

（三）加强在职教师的实践锻炼,培养动手能力

一方面,实践锻炼不仅是中等职业教育学校师资队伍培养的显著特点,同时还是实现"双师型"教师的培养和提高中等职业在职教师师资综合实力的重要途径。实践锻炼通常具有很强的针对性,要求做到准确定位。具体而言,其主要是指为中等职业在职教师,尤其是青年教师明确其将来的专业发展方向,根据在职教师的具体情况为其指定相关的指导教师。这样一来,老教师的作用被充分发挥出来,而新的青年教师的教学水平与实践能力都有了很大程度的进步。

另一方面,每个在职教师还必须为自己制定明确的短期目标与长远规划。其中,短期目标主要是指近几年内所要达到的具体目标;而长远规划主要是指5年以上教师所要达到的目标。这些目标不仅包括开课情况、职业资格证书的获得状况、指导实践教学的状况,同时还包括使用现代化教学媒介手段状况、编制适合职业教育的专门教材与实验讲义、进行科研的能力等,从而使教师的综合水平得到大幅程度的提高。

（四）更新在职教师的知识结构体系,扩大知识面

当今世界处于一个科技迅速发展和知识、信息大爆炸的时代,新技术、新知识与新理论也层出不穷,一方面这要求中等职业教育教师必须适应社会的变化与发展,对本专业或与本专业相关的职业最新动态有一定的把握与了解;另一方面,在职教师也要不断更新自己的知识结构体系,扩大知识面,同时还要将人文精神与科技精神相整合,使其成为教师自身知识结构中的一部分。

三、进一步完善兼职教师队伍建设

（一）加强兼职教师队伍的规划与培训

为了使中等职业教育教师的队伍能够得到真正的补充与调整作用,因

此中等职业教育学校在对兼职教师队伍进行整体规划时应做到如下几点。

首先,兼职老师必须具备一定的前瞻性与预见性。

其次,兼职老师还必须加强兼职教师队伍在学习结构、职称结构、年龄结构与专业结构等方面向着合理、完善的方向发展,以此使得学校内部的师资结构能够得到进一步的优化。鉴于此,全国各中等职业教育学校必须建立健全兼职教师的管理机构,对兼职教师进行统一、规范管理,严把兼职教师入口审查关,从而使得选择出来的兼职教师是真正具有扎实的理论知识、精深的专业知识与丰富的教学实践的、德才兼备的优秀教师。

再次,各中等职业教师学校还要建立兼职教师的聘任与考核体系,从而改变过去对兼职教师管理中的盲目、无序与自留的状况。

最后,兼职教师通常来自企业生产一线,因此对中等职业教育的教学规律缺乏一定的了解。鉴于此,中等职业教育学校必须对这些教师进行中等职业教育学、心理学以及现代教育技术等方面的培训,从而使这些教师能够通过学习,掌握基本的教学规律,树立正确的人才观、学生观与教学观,从而使其从一开始就能够遵循相应的教学规律,使其通过对现代化的技术教学手段灵活运用,培养学生的实践能力与创新能力。

(二)重视兼职教师的激励措施建设

首先,兼职教师是中等职业教育学校内部师资队伍的外延群体,其不仅受市场经济等因素的影响,同时在思想意识等发面还具有一定的趋利性特点。鉴于此,中等职业教育学校必须在尊重市场规律的基础上,建立可行有效的激励措施,从而调动起兼职教师的主动性与积极性建设。简而言之,中等职业教育学校在兼职教师方面,应实行多劳多得、优劳优酬的、合理的分配制度,通过对能力出众的兼职教师以优厚的物质奖励与精神奖励,从而鼓励兼职教师大胆地进行实际教学与科学研究。

其次,中等职业教育学校要充分发挥教学的督导作用,以科学的考核方法对兼职教师进行较为准确、客观、合理的评价。对于那些作出突出贡献或深受学生欢迎的兼职教师,学校必须对其进行一定的奖励或表彰,同时对那些教学评价中较差的兼职教师,还要及时提出批评或改正意见,严重的可以解聘。

最后,中等职业教育学校还必须给予兼职教师一定的人文关怀,积极听取、吸纳兼职教师的建议或意见,及时进行改进。

总而言之,中等职业教育学校通过激励机制的确立,不仅增强了兼职教师的主动性与积极性,还使其自身的工作使命感与责任感得到了加强,同时还能够激励兼职教师自觉进行中等职业教育教学规律的研究,最终使自身的教学能力得到大幅度的提高。

（三）建立完善的外聘教师信息网络系统

对于兼职教师来源的管理，通常是以完善的"兼职教师师资库"的建立来实现的。所谓兼职教师师资库，就是指将来自各个行业的兼职教师的个人资料通过数据库进行统一管理。首先，其不仅能够方便、快捷地对兼职教师的个人档案资料进行检索、浏览与筛选，同时还有助于中等职业教育学校选聘高质量的兼职教师；其次，兼职教师师资库也属于学校之间、学校与社会之间的资源共享；再次，兼职教师师资库有助于中等职业教育学校选拔出德才兼备的、适合本校实际的优秀的兼职教师；最后，兼职教师师资库还能够帮助学校将兼职教师队伍中的优秀教师转为专任教师。

就目前遇到的实际情况而言，兼职教师师资数据库扩充面临非常大的困难，其不仅需要扩大对中等职业教育学校的社会影响力，同时还要在兼职教师的聘请方面大力拓展。鉴于此，中等职业教育学校必须做到以下几点。

其一，加大对学校的宣传力度，树立良好的社会影响，从而扩大自身的知名度。

其二，中等职业教育学校还必须与用人单位、科研机构以及各行各业建立密切的联系。

只有这样，中等职业教育学校才能够使教师资源得到充分的挖掘，进一步扩大兼职教师师资库，从而保证兼职教师的来源可靠，以此吸引更多的教师来本校进行教学。

四、及时更新教学理念，深化教学改革

在中等职业教育学校的组织下，兼职教师必须认真学习中等职业教育人才的培养目标、培养模式与基本特征，从而使兼职教师明确中等职业教育教师的地位、教学模式、特征、作用、办学规律以及特色教育的形成等内容。另外，兼职教师还必须及时更新自己的教学理念，从而树立正确的学生观、人才观、教育观与办学观。

我国中等教育学校在深化教学改革中，要特别注意教师积极性与主动性的提高。人才强校的发展战略的全面贯彻，首先必须尊重、支持、关心教师。这就要求中等职业教育学校必须倡导尊师重教的良好风气，为教师的发展提高良好的工作、学习环境以及生活条件。与此同时，学校还要在人事分配制度的改革中多下工夫，从而使得教师队伍的发现向骨干型教师、一线教师与"双师型"教师发展，以此形成行之有效的奖励机制。

第四章　中等职业教育德育管理

　　道德同法律一样，都是国家进行社会管理的重要手段。在人们日常生活中，道德的影响力无处不在，其渗透于人们的一言一行中，为人类的和谐共处提供价值评判的标准。但是，道德的最初形态以及在人类后来的发展历程中构建的伦理道德体系、国家政治思想情感等内容，想要在人们的头脑中形成清晰的意识，需要人们后天的学习。

　　在现代社会中，信息时代的到来对人才提出了新的要求，需要灵活多变，各具特色的人才。为了推动我国社会经济的快速发展，我们需要造就一支数量庞大的高技能人才和高素质劳动者来服务于现代化建设，这个历史性重任就落在中等职业教育的肩上。对于我国的中等职业教育来说这是一个很好的机遇，但同时也存在着风险和挑战。在知识经济时代，社会要求具有较高素质的、观念新颖的劳动者。具体来说，劳动者除了要拥有专业技术和创新能力，在职业道德和政治思想素质方面，也要有较高的意识。同时，我国社会发展的新时期，学生受到多元化的道德观念、价值观念的影响和冲击，可能使学生走上歧途。在这种背景下，过去长期没能引起人们重视的中等职业教育德育管理工作，得到社会的重新审视。因此，在德育工作中，科学的、合理的、恰到好处的实现人的德性生成，培养具有职业精神和职业理想的、实现职业道德规范内化的职业技术人才，成为现阶段中等职业教育德育的重大课题。

第一节　中等职业教育德育管理概述

　　德育经历了一个漫长的发展时期，在现代社会中，德育仍然是教育的重要组成部分。在中等职业学校的基本工作中，就包括德育工作。要保障培养出的职业技术人才的质量，必须要做好德育工作。这项工作的完成，需要在理论上对中等职业教育的德育管理有着全面的认识。

一、中等职业教育中德育的内涵

(一)德育的有关认识

首先来认识一下"德"和"育"这两个字。最初,德育的意思是道德教育。根据我国有关的古籍来分析,"惪"字是"德"字的本字。儒家创始人孔子对道德教育十分看重,《论语》记载:"道之以政,齐之以刑,民免而无耻,道之以德,齐之以礼,有耻且格。[①]"《说文解字》中讲到:"惪,外得于人,内得于己也。[②]"这就是说,在处理与他人之间的关系时,要对得起良心,经得起质疑。现代汉语中,"德"字成为"惪"字的异体字。《说文解字》中提到:"育,养子使作善也。"宋代理学家朱熹提出,道德教育将人和动物区分开来,人若没有道德,则与禽兽没有什么两样。"圣贤所以教人为学之意,莫非讲明义理,以修其身,然后推己及人[③]。"

时至今日,德育的内容更加深刻广泛。纵观我国的教育历史,德育是在近代中国的教育改革中被正式提出的,当时的德育与道德教育没有什么异义。自从我国实施改革开放政策以后,在教育领域的改革中,人们逐渐意识到狭义的教育具有一定的局限性,并开始对德育的内容进行不断扩充。经过不断的发展,德育的内容不断扩充,包括道德教育,人生观、价值观、世界观的教育,政治和法制教育等,这也就是广义的德育。我们可以将广义的德育定义为,"教育决策者以社会和人的需要和品德形成的规律为依据,采用多种有效手段,使思想、政治、法制和道德几方面内容在受教育者意识中得到内化的一种系统活动"。

在当前阶段下,我国各级各类学校德育工作的内容可以分为道德品质教育、政治教育和思想教育这几个主要方面。在道德品质教育方面,要求受教育者的行为举止与社会主义的道德规范相一致,自觉履行道德义务,以具备高尚的品德修养。在政治教育方面,要求受教育者坚持社会主义道路,拥护中国共产党,形成立场坚定的政治态度。在思想教育方面,要求学生能够认识辩证唯物主义的基本观点,形成正确的世界观和价值观。

(二)中等职业学校的德育工作

以马克思列宁主义等相关理论为指导思想,在进行职业教育人才培

---

① 张燕婴. 论语[M]. 北京:中华书局,2006.
② 许慎. 说文解字[M]. 北京:中国戏剧出版社,2008.
③ 选自朱熹《白鹿洞书院揭示》。

养过程中,融入社会主义核心价值体系的有关理论,使学生增强对党、国家及其决策的认可度,提高思想政治觉悟;并让学生学会集体主义和团结互助的精神,增强认识能力;努力学习、自强不息,协调人际关系;使学生无论是在学习中还是在工作中,都具有较高的积极性,最终服务于社会主义现代化建设。这是中等职业教育德育工作的总体工作任务,可以细分为以下几点。

首先,对学生进行以爱国主义为核心的民族精神教育和以改革创新为核心的时代精神教育。向学生宣传中华民族爱国主义的优良传统,实行中国革命传统教育,加强民族团结意识的培养,适当了解形势政策的有关知识。使学生拥有一颗赤诚的爱国之心和高度的民族自尊心,培养学生的创新意识和创新能力,开拓进取。

其次,对学生进行以职业道德教育为重点的道德教育和法制教育。使学生具备基本的公民道德,民主法制观念,集体主义精神和国际人道主义精神;在八荣八耻思想的指导下,树立社会主义荣辱观。使学生在道德品质方面和日常行为方面,符合新时期良好公民的基本要求,在具备相关职业道德的同时,具备相应的法律素养。

再次,对学生进行以马克思列宁主义等思想为重点的理想信念教育。使学生具备一定的哲学知识,经济、政治认识,社会基本情况认知,对中国革命和中国特色社会主义建设的发展历史有深入的了解。由此,学生形成科学的思想意识观念,为中国特色社会主义建设这一共同理想作出自己的贡献。

另外,实施以珍惜生命为中心的人格健全教育。实施这一教育所包含的专题教育内容有安全教育、预防传染病等疾病教育、毒品预防教育、环保教育、廉洁反腐教育等,使学生对这些方面的知识有所了解,从而得到健康成长。

再者,对学生进行以培养心理品质为中心的心理健康教育。开展有关增强学生的职业心理素质和心理健康的教育,并提供解决心理问题的基本知识和基本方法。使学生在遇到有关心理障碍方面的情形时,能够得到及时的处理,提高学生的心理健康水平,为学生将来的就业培养必要的职业心理素质。

最后,对学生进行以就业创业教育为主要内容的劳动与奉献教育,使学生养成热爱劳动、注重实践、崇尚创新、无私奉献的精神。为学生的就业和职业生涯规划提供帮助和指导,在职业观和职业理想等方面的教育,要切实符合学生和社会的实际。

（三）中等职业学校德育工作的特点

在现代社会中，随着科学技术水平的迅速发展，实用性、技能型人才需求在我国大幅增长。在这种时代背景下，我国各级各类职业教育学校的数量和规模呈现出跨越式增长，我国中等职业教育的普及率不断增加。在这个过程中，中等职业学校的德育出现了一些新的特征，主要体现为以下几点。

1. 复杂性

中等职业教育德育工作十分复杂，具有较强的复杂性。在社会经济迅速发展的同时，也面临着严峻而复杂的社会现实。中等教育学校的学生尚未定型的思想价值观念在经济的冲击下，受到很大的影响。在当前阶段下，我国中等职业教育要引导学生形成科学的思想观念，增强他们对各种思想的辨析和判断能力；继承中华民族传统美德，弘扬时代主旋律，拥有正确的和符合实际的理想和信念。

中等职业学校在开展德育工作时必须要有针对性，正确应对复杂的德育工作，突出"以人为本"的教育理念，促进学生个性的发展，形成充满活力、注重团结、具有创新精神、品德优秀的新人类。与此同时，教育要更新观念，扬弃传统教育范式中的不合理成分，使学生的思想观念、精神需求等方面，获得科学的发展，满足社会对当今人才的需求。

2. 反复性

中等职业教育德育工作不能一蹴而就，具有反复性。德育过程前途是光明的，道路是曲折的。具体来说，中等职业教育德育工作的反复性主要是由以下几个原因所造成的。

其一，学生思想品德不是一朝一夕就能够形成的，需要投入大量的时间和精力。

其二，在学生思想品德定型之前，总会或多或少地受到来自社会、家庭和学校的影响。

其三，社会的发展变化，对学生思想品德提出了更高的要求。

综上所述可以看出，中等职业学校的德育必然要经历一个循环往复进而不断发展的过程，最终实现质的飞跃。

3. 艰巨性

中等职业教育德育工作还具有艰巨性的特点。由于学生素质普遍下降和现实面临的严峻形势,使得我国中等职业学校德育工作的进展面临着一系列问题。在当前阶段下,许多中等职业学校进行了扩招,对学生综合素质的要求相对来说比较宽松,在自觉学习和刻苦钻研精神方面,有些学生表现出明显的不足,甚至有个别学生品质低下、纪律败坏。学生整体素质下降,造成德育工作出现很大的问题。

面对上述事实和德育工作者队伍素质的良莠不齐,有一部分教师对学生产生的成见,导致我国中等职业教育德育工作进展缓慢。问题学生群体的不断扩大造成教师的倦怠心理,教师工作缺乏激情和创造性,强化体验平庸感,自我认识、教育观念、教学观念出现一些问题和缺陷,教师方面存在的这些问题又造成学生的厌学以及道德败坏,形成了一个恶性循环。这为我国中等职业学校德育工作增加了难度,不利于中等职业教育的顺利进行。

4. 社会性

中等职业教育德育工作是一项社会工作,具有社会性的特点。中等职业学校培养出来的学生直接接受用人单位的挑选,满足经济市场的需求。从这个角度来看,其德育工作更应该面向市场经济的需求,将企业文化和社会文化进行加工之后引入到教学过程中,使之与传统的学校德育相融合。在德育方法上,必须要改变过去"灌输式"的教学方法,运用一些新的符合时代要求的"体验式"的德育方法,使德育工作具有社会性,进而让学生满足市场需求、适应社会发展。

除了上述复杂性、反复性、社会性、艰巨性这几个特点,根据中等职业教育的职业性、实用性等特性,在德育过程中也要体现这一性质,在职业理想、道德、指导方面,创业方面注重对学生进行系统的指导和教育。

在加强职业道德教育方面,要将职业道德作为中等职业学校德育工作的重要一环,这样可以在一定程度上增强中等职业教育学校的办学特色,指引学生形成正确的职业观,健全学生的个人发展,使培养出来的人才优质高效,具有良好的职业操守和较高的职业道德素质。

在加强职业理想教育方面,要从各方面潜移默化地培养学生的敬业精神,使学生树立职业理想,并为此不断努力,孜孜不倦地追求理想的实现。职业理想教育可以为学生实现自己的职业愿望提供强大的精神力量,在树立职业理想之后,学生为胜任即将从事的职业而努力学习,刻苦钻研,自觉地去提高自身素质。通过这项教育,学生会形成一种珍惜、敬重职业的思想观念。

在创业教育和职业指导教育方面,要对学生进行有关创业知识和创业能力等方面内容的培养和传授,使其了解、选择、适应当前社会上的职业。

在此基础上,帮助学生确立自己的奋斗目标,为此而努力学习,具备一定的就业优势。进行创业和职业指导教育,使学生不仅限于找到一份满意的工作,而且还能为自己创造工作机会。按照当前和今后的形势,中等职业学校的学生所获得的就业机会基本上不会有太大的变化。为了适应这种情况,创业教育和职业指导显得比较迫切,这同样也是学生自身发展的客观要求。

(四)中等职业学校德育所具有的功能

1. 导向功能

在中等职业教育中,运用多种多样的教育方式,以马克思主义的基本思想理论为指导,对广大中等教育学校的学生进行社会主义、爱国主义、时事政策和形势任务等方面的教育,可以使学生在纷繁复杂的社会形势和国际形势下认清社会和时代的发展方向和趋势,使自身的发展具有高尚的奋斗目标。

2. 激励功能

中等职业教育中的德育还具有激励功能。中等职业学校通过典型教育、案例分析、形象感化、制造氛围等方式对学生进行道德教育,感染和激励学生的思想,使学生在情感上产生共鸣,进而激发学生学习的积极主动性和政治热情,使学生获得长足的进步。

3. 服务功能

在中等职业学校教育的教育工作中,教育和管理学生只是德育的一个方面,德育的另一方面应为广大学生服务,在服务中使学生获得教育和启发,这就体现了教育的服务功能。无论是学校领导,还是学校的某一职能部门,抑或是辅导员或班主任,都应该树立为学生服务的意识,为学生在生活和学习中出现的困难提供帮助。

4. 抑制功能

中等职业学校的德育工作通过适宜的教育和管理,可以使学生树立正确的是非观念和增强好坏的辨别能力,从思想观念层面抑制和杜绝一系列危害社会的行为的发生,为学生健康成长提供思想来源。从教育现实来看,中等职业教育德育工作的抑制功能的发挥需要纪律制度的指引、教育规范和舆论监督以及惩罚处分的威慑等条件的配合。

5. 管理功能

所谓中等职业教育德育的管理功能,就是指通过制定和贯彻实施各种规章制度,再加上班主任、各科教师特别是政治教师等教育管理人员实施的教育管理行为,对学生进行学习、生活、行为等管理,保障德育管理功能的实现。

事实上,调节功能也属于管理功能的一个组成部分,在实施管理的过程中,中等职业学校要注意调节好各方关系,善于化解各种矛盾,指导学校师生员工的行为,使学生与教职工、学生与学生之间建立良好的人际关系,维护学校安定团结,增加社会的稳定因素。

二、中等职业教育德育管理的原则

在中等职业教育实践中,教师对学生进行德育教育并不是随心所欲的,需要遵循德育工作者在实践过程中总结出的一系列原则。这些原则具有一种普遍规律性,对于中等职业学校德育管理工作具有重要的指导意义。

(一)理论与实践相统一的原则

在中等职业教育的德育工作中,既要注重知识和观念的教导,又要与情感体验和社会实践统一起来,引导学生自觉遵循道德规范,做到言行一致、知行统一。自古以来,"言行一致"就为人们所重视。例如,我国古代教育家孔子指出,"君子耻其言而过其行"。朱熹也曾经说过,"论先后,知为先;论轻重,行为重[①]","致知、力行,用功不可偏,偏过一边,则一边受病[②]"。古人总结出的宝贵经验,对于现代中等职业学校的德育管理工作来说,同样具有重要的指导意义。在当代中等职业教育实践中,师生们也要坚持这一原则,通过交流与沟通,实现教师和学生的双向发展和共同成长。

对于中等职业学校的学生来说,尤其要注重运用马克思主义有关理论与实践的观点,积极参加生产、生活方面的实践活动。中等职业学校的德育管理工作不能仅仅依靠教师这一单一的途径,还必须要善于依靠学生集体的力量对学生进行潜移默化的道德感染和影响,使学生在良好的集体氛围中,培养自己的合作与互助意识,使个人品德得到净化,使学生集体成为道德教育的力量源泉。但是,在德育工作中,千万要注意不能忽视学生的独创

---

① 黎靖德. 朱子语类[M]. 北京:中华书局,1986.
② 同上。

精神。

要使集体的教育作用得到发挥,学生自身必须具备一定的要求和符合一定的条件。另一方面,教师也要对培养学生的过程中出现的问题予以指导和帮助,实现集体教育与个别教育相结合。

(二)德育工作与管理工作相联系的原则

中等职业学校在组织思想教育工作的同时,还要有科学的管理制度,目的是为了将自我约束与外界激励、监督有机联系起来。

道德教育需要充分考虑学生的实际情况以及学生所学专业性质,遵循学生身心发展和品德发展的一般规律,明确各自在发展过程中所具备的有利形势和不利形势,做到有的放矢,有针对性地给予指导。激发学生的能动性和创造性,为因材施教奠定基础。

在中等职业教育实践中,可以开展各种主题活动教学,如社会礼仪教育、文明诚信教育以及感恩教育等,在这些活动中有意识地渗透道德教育,学生通过参加各种各样的德育教学活动,得出自己的感悟,从而将道德内化,同时也培养学生的责任意识,小到对自身的责任,大到对家庭、对社会、对国家的责任。中等职业学校要采取相应的措施以提高学生对这些活动的参与度,让他们提高自我感悟、认知能力。

道德教育需要通过管理这一必要的手段来实行。中等职业学校德育管理不仅仅只是负责对学生进行思想道德教育,还要不断引导学生实现自我约束和管理,实现自我教育,使学生的行为符合社会规范,逐渐养成文明现代的道德风尚和道德习惯。在当前阶段下,随着经济全球化的浪潮不断高涨,学生的自我意识和独立性意识得到不断的增强。结合教学和学生的发展规律,中等职业学校要在德育工作方面取得进展,就必须在进行教师管理的同时结合学生的自我管理。

(三)与学生、社会的实际相联系的原则

道德教育要做到与社会的实际情况、学生的实际情况相联系,需要符合思想道德教育的基本规律和特征,需要符合学生的发展规律和成长特征,从理论和实践两方面的具体情况出发,开展富有成效、具有针对性、带有吸引力的教育实践活动。从根本上来说,社会主义社会的人际关系应该是以平等友爱、互存共生、团结互助为主要内容的新型关系。在这些人与人之间的关系中,人们应该受到尊重,得到关怀。因此,中等职业学校进行德育管理需要坚持与学生、社会的实际相联系这一重要原则。其具体需要做到以下几个方面。

1. 爱护学生

改变对学生的态度，与学生建立平等互信的关系，爱护学生。学生是祖国未来的希望，但中等职业学校的学生还不是一个完全成熟和独立的个体，一个合格的教师要具有尊重、信赖学生和关心、爱护学生的基本品德。具体来说，德育工作者应该充满教育爱，在平等互信的前提下，启发学生、引导学生，不能侮辱、歧视、谩骂和体罚学生，而应当以更加人性化的方式帮助学生改正错误、走出迷途。

在中等职业教育实践中，教学要表现出就业的导向性、学生的主体性特征，并不断创新教学，为自我教育设置、创造环境和条件，不断更新校园文化建设。这是从德育的角度出发，来发展学生的个性化特征和发展学生能力。

2. 与实际相联系

与普通学校教育相比，中等职业学校在教育教学等方面具有一定的特殊性，中等职业学校的学生，在思维活动方面也有着明显的差异。根据这一实际情况，进行德育管理时，既要认识到矛盾的普遍性，抓住学生德育的共性，同时也要认识到矛盾的特殊性，准确地抓住其个性，使德育管理工作具有针对性，使其能够取得令人满意的成效。

3. 对学生严格要求

在中等职业学校德育教育工作中，尊重学生和爱护学生并不是说对学生的一切行为听之任之。相反地，还要认真对待学生的缺点和错误，严格要求学生，不能以没有造成严重的后果或以缺乏经验为由而忽视对学生的管理。要防微杜渐，科学地处理学生出现的问题，要得到学生的理解，做到既使矛盾得到解决又不让学生产生逆反心理和畏惧情绪。

(四)循序渐进的原则

德育管理工作要以理服人，晓之以理，动之以情，以情感人。在德育管理工作中，工作人员对待学生出现的问题不能过于极端，必须要遵循一定的规律，有步骤地进行，这样才能更好地发挥德育管理的功效。

对于中等职业学校的学生来说，其在道德方面的认识有了较大的变化，对未来十分憧憬。在知识与认知范围上，有较大的需求。虽然他们对社会生活的认识达到了一定的程度。但其对社会是非的判断、辨别能力还缺乏相当的经验。对待生活中的事物，容易出现片面化和倾向于简单化，多少会出现偏颇。在这一阶段，需要通过道德教育来对学生进行积极疏导，但也不能操之过急,应该在思想问题和行为问题上不断地进行说服和教育工作,循循善诱,使他们最终走上正确的人生轨道。

综上所述可以看出,中等职业学校在实行德育管理工作时,必须要一步一个脚印,循序渐进,因势利导,结合生活中的实际案例进行道德教育,为学生指引正确的方向,使他们自觉改造道德规范。具体来说,可以在教育的过程中结合表扬、激励等正面教育,用社会主义建设的基本原理和规范对学生进行道德教育,使学生学会与他人之间的友好相处,并增强对祖国的认同感。需要强调的是,在德育教育过程中,要以积极因素、正面的形象来进行思想道德教育,而不能使用一些打击学生的侮辱性方式。

(五)政治方向与时代特征相结合的原则

政治方向与时代特征相结合的原则将中等职业学校德育工作的方向性与时代性紧密地联系起来,既保证了德育工作的正确政治方向和教育性特征,又与当今社会发展的实际情况和学生的思想现状相结合,具有较强的思想性和时代特征。在当代社会中,中等职业学校的主要任务是为企业培养一线生产骨干和基本的劳动力资源,这要求中等职业学校不仅要进行符合就业形势的专业知识和技能的教育,还要培养出符合就业、创业等时代要求的意识形态、心理素质。

要实现方向性与时代性的结合,需要从以下两个方面做起。

一方面,在日常生活中,中等职业学校要注重对学生道德行为的培养。德育教育要以实践为基础,积极引导学生进行集体生活、社会公益活动、无偿义务劳动、社会主义建设等活动,不断锻炼自己的意志,在实践生活中养成良好的道德行为方式。

另一方面,加强学生的思想教育,使学生在实践中经得起考验并得到锻炼。理论为实践提供认识指导,教育学生形成高远的理想和崇高的道德情操,实现德育管理的目的,必须对学生进行系统的道德教育、政治理论教育和哲学教育,并以此来分析和解决实践中遇到的各种困难。德育教育还应当教导学生运用马克思主义哲学的世界观和方法论来观察事情,解决矛盾。在德育教育工作中,必须要注意联系实际情况,结合自身实践经验。

(六)遵循创新的原则

为了始终保持中等职业学校的德育管理工作的生机与活力,就必须要体现出时代特点和职业教育的倾向。具体来说,这需要具备以下两方面的特征。

一方面,在德育管理的内容方面,及时地实现新陈代谢。德育管理的内容突破以往狭义的道德教育范围,使其扩展到包罗了人文、心理等不同层面上的知识,增强学生的综合素质和综合能力。

另一方面,不断更新有关教育方面的理论和观念。现代教育打破传统的狭隘的人才观念,对教师的思想观念提出了新的要求,要求培养出来的人才具有创新意识和创业意识。为实现这一目标,中等职业学校的德育工作者必须要掌握时代发展的脉络,以社会化和企业的需求为导向,更新德育管理的思想观念,结合学生的智力因素和情感因素,统一学生的专业基础知识与道德品质,使培养出来的人才身心健康,全面发展,造就一批合格的社会主义建设的队伍。

三、中等职业教育德育管理的指导思想

中等职业学校德育管理工作的开展必须要有正确的指导思想,使德育管理工作有一个正确的发展方向。

在现代社会中,随着我国教育事业不断发展,中等职业学校缺乏有力的竞争优势,造成学生就业的艰难。由于中等职业学校应届毕业生自身的素质和工作条件相对不够理想,使得企业和学生两方面对中等职业教育学校的印象都比较差,这种情况对于中等职业学校的德育工作提出了很大的挑战。客观来说,中等职业学校德育工作必须要借助与之相适应的指导思想和思路,改变中等职业学校德育管理工作的现状。

长期以来,我国中等职业学校德育工作的特点和课程体系缺乏自身的优势和独立性,缺乏应有的针对性,培养目标流于表面,十分笼统。这种情况使得中等职业学校的德育目标错位,偏离自身教育的基本需求和基本内容,使德育管理工作缺乏实效。在当前阶段下,中等职业学校的德育管理工作既要与我国的生产力、生产关系、分配制度等基本国情相适应,又要与德育管理工作的具体情况相一致,使德育目标定位于促进学生道德素质的全面发展,改变以往单纯的政治目的。在此基础上,中等职业学校在开展德育管理工作时,不仅要对学生进行职业道德、行为、纪律方面的教育,还要进行有关教育理想、创业能力等方面的培训。在职业道德教育工作中,还必须要重视爱岗敬业教育和诚实守信教育。具体来说,中等职业学校的德育管理工作的指导思想主要体现为以下几个方面。

(一)以学生为主体

中等职业学校的德育管理工作要体现出"以学生为主体"的思想。学生是德育活动的主体,在对其进行德育管理时,教育内容应当包括高度的爱国

主义热情、强烈的社会责任感和鲜明的时代精神。通过科学合理的道德教育,使学生具有独立的思维能力和自我教育、自我评价、自我管理的能力;使学生学会学习、学会为人处世、学会贡献、学会生活;使学生具有高雅的审美情趣,坚韧不拔的性格,持之以恒的毅力和广泛的兴趣爱好。

(二)从"小德育"转向"大德育"

中等职业学校的德育工作要树立由"小德育"过渡到"大德育"的观念。

所谓"小德育",就是指偏向于道德的理论性教育,学校德育队伍的构成人员主要是有关德育的教学部或专业课教师,内容局限在校内的思想教育,没有将德育工作与社会、家庭的力量结合起来,使德育工作容易脱离教学工作和社会实际,最后背离于社会的发展需要。

所谓"大德育",则是指来源于社会、家庭和学校这3种环境中的德育。在现代社会中,"大德育"观念应该成为中等职业学校德育管理工作的主要内容,使德育工作的范围不断扩大,充实德育工作的力量,激发教师进行道德教育的热情,使德育工作得到社会各界的有效配合。

(三)向科研型教育转变

在当前阶段下,中等职业学校的德育管理工作应该转变经验型的方向,朝着科研型方向迈进。要达到这一目标,首先要对教育工作进行周密的计划和细致的规划,根据学生的年级变化特点和专业发展特点,制定合适的德育目标,各科教师都要有相关的德育管理教学内容,鼓励教师进行德育管理的科研工作,进行相关学术研究,使德育管理工作趋于科学。

(四)向实践型教育转变

中等职业学校的德育管理工作的具体方式要改变过去灌输型方式,而向实践型的德育转变。灌输型导致的结果是使德育工作最终浮于表面,在短期内会有一定的成效,而忽视了学生的长期的发展;对学生实施种种限制,以保证学生不闯祸为目标,一味地对学生进行要求和限制;对学生的道德教育就是对学生"错误行为"的纠正,而没有找到道德教育的精神实质和来源,最终往往会导致学生以反抗情绪和逆反心理宣告对道德教育方式的不满。

综上所述,为了使道德教育的实效得以发挥,必须变以往被动的方式为主动的方式。结合学生的实际,培养学生良好的道德习惯,通过亲身体验和自我反思等途径,使学生提高自身的道德涵养。

（五）向"硬"任务转变

中等职业学校的德育管理工作要避免受到"应试"教育的影响，要向硬任务转变，改变教育工作的滞后性等缺陷。我国传统的学校德育管理工作过于强调口头上、文字上的抨击和呐喊，这些在现实生活中并没有太大的作为，这就是所谓的"软任务"。在当前阶段下，中等职业学校的德育工作必须改变这一方向，向硬任务过渡。德育工作的相关领导者要把德育工作提上议事日程切实抓紧抓好，实行对德育工作的检查评估，使其成为教师考核的重要组成部分，提高学校德育工作者进行德育管理工作的积极性。

第二节　中等职业教育德育管理所存在的问题与改革方向

中等职业教育德育管理工作的进行最终要运用于实践中，相关的理论是为了指导实践的。在中等职业学校德育管理的实践过程中，往往会出现各种各样的问题，对于这些问题需要我们提出相应的改进方法，这也是目前我国中等职业教育德育管理改革的方向所在。

一、中等职业教育德育管理所存在的问题

在当前阶段下，我国中等职业学校德育管理工作在获得显著进展的同时，也存在着许多与德育要求相抵触的现象。这种情况给我国中等职业学校的德育管理工作造成重重阻碍。具体来说，中等职业学校的德育管理实践中存在的问题主要表现为以下几个方面。

（一）课程内容和课程改革方面的问题

在中等职业教育德育课堂教学中，经常遇到的问题是教师教的难度增大、学生厌学情绪未见消减，严重影响了对学生进行的德育核心内容的有效输送和渗透。之所以出现这种现象，从根本上来说是因为现代通信工具和交通工具的不断革新，全球化进程的继续，各种思想价值观念的交融十分普遍，导致学生思想价值观念趋于多元化。在传统的中等职业学校的德育教学实践中，教师居于绝对权威地位，过分迷信书本知识，以灌输式的说教型的教学方法进行德育，严重抑制了学生参与德育课程的积极性以及在学习

德育课程中创新思维的发展。

(二)工作方式没有结合学生的特点

目前,我国中等职业教育扩大招生范围,普及程度大幅提高。在这种情况下,对于学生的基本素质要求有一定的松懈,部分学生的素质偏低,导致社会各界对中等职业学校抱有一种轻视的心态,使得中等职业学校的社会地位较低。

对于多数中等职业学校的学生来说,接受中等职业教育是他们最后的选择,是不得已之举,他们选择中等职业学校实属无奈。在中等职业学校中,学生的基础知识普遍较为薄弱,个体之间的差异性十分明显,精神状况普遍比较消沉,入校后的适应程度比较低。另一方面,学生往往较少考虑自身的不足,更多地将责任归咎于他方,如要求优良的学校条件、高水平的老师或优质的校园服务。但在学习过程中,他们又表现出相当的惰性,学习目的不明确,缺乏求知欲望,存在严重的厌学情绪。

大多数中等职业学校的学生缺乏自信心,在多元化的价值观念中进行选择时,他们往往感到十分迷茫和困惑。例如,有的学生缺乏正确的道德标准,知行分离;有的学生崇尚个人主义,漠视集体主义,缺乏社会责任感,进而出现了拜金主义,唯利是图;还有的对自己的工作报酬普遍不满,缺乏基本的敬业精神;还有一部分学生甚至走上了极端,置道德和伦理于不顾,不择手段,最终造成不可挽回的局面。进入 21 世纪以来,人们的就业压力不断增加,企业对从业者的要求不断提高,部分中等职业学校的学生开始怀疑自己的知识能力和工作能力,导致心理失衡,心理承受能力较弱。在接受德育时,学生出现了精神厌食现象,比较封闭、逆反,增加了德育管理工作的难度。

在当前阶段下,中等职业学校的德育管理工作并没有真正结合中职教育的实际,仍然实施惯有的、传统的道德说教等手段,这与学生的身心发展特点严重不符,造成德育管理工作的滞后。虽然期间有过改善的努力,但这种状况并没有从根本上得以扭转,成为德育管理工作的一个重要问题。

(三)教师队伍的认知水平有待改变

目前,我国中等职业学校的德育观念普遍存在一种错误的认识。一部分人认为,教师各有各的分工和责任,德育的责任应该由德育课教师、辅导员等来担当,其他教师若进行德育管理工作,则是名不正言不顺,越俎代庖,超出了自己的工作范围。也就是说,德育的责任和义务不应该由其任课教师来担当。事实上,大量的中等职业学校并没有成立专门的德育机构,专职德育、心理学的教师十分短缺,非专业德育教师兼任德育课的教学工作的现象普遍存在,甚至习以为常。校团委、班主任(辅导员)具体负责学校德育工作的落实。

在进行德育管理工作时,这些人员的工作侧重点各不相同,在培养目标、实施步骤等方面,合作的基础比较脆弱。使学校的德育整体力量相对薄弱,学生得到德育熏陶的机会比较单一,使学生得不到健全的发展。学校不光是知识的圣地、智慧的殿堂,还应该是社会主义精神文明建设的重要阵地之一。学校的使命包括教书和育人这两方面的内容,完成这一使命的人包括全体教师,这样才能形成合力,使全体人员的德育力量得到最大限度的发挥。

客观来说,中等职业学校的德育工作具有显著的特殊性和独创性。然而,部分教师对此缺乏深刻的了解,缺乏在教学过程中的育人意识、德育意识。这种情况致使学问与道德之间,班主任、德育教师与非德育教师之间出现割裂。除此之外,还有相当一部分教师不注重自身道德修养中的意蕴,受到市场经济带来的消极影响。例如,有的教师存在金钱万能的思想,追求个人经济利益,造成职业信念淡化,职业水平降低,岗位责任意识淡薄,工作热忱减弱。

(四)未能充分挖掘德育的评价功能

在当前阶段下,许多中等职业学校还没有充分认识到德育评价的重要功能和作用,对学生的德育评价未能获得一定的反馈效果,致使德育的评价功能未能充分发挥。目前,中等职业学校德育目标普遍存在形式主义的通病,只看表面,流于形式,刻意追求形式上的效果,但缺乏深层效应的形成和德育的实质要求。

在传统的中等职业教育德育管理工作中,教师习惯于将学生的成绩与对学生的德育评价挂钩。也就是片面地认为,成绩好的学生,其道德水平必然也会相对较为突出,将学生的智力发展和精神发展笼统地联系起来。在这种观念的影响下,教师和学生将德育观念定位于治理方面的发展,忽视了学生的全面发展。用成绩来评定学生的一切行为,用分数来评价学生的性质,必然会导致德育的评价功能遭到扭曲,无法发挥其应有的作用。

(五)教学队伍脱离于学生管理队伍

在当前阶段下,中等职业教育德育管理工作方面存在这样一种现象,即对学生有深入了解的教师不一定会系统地进行德育工作,系统进行德育工作的教师并不一定对学生有深入的了解。虽然绝大多数中等职业学校都意识到德育工作途径的多样性,但在实践中形成的合力十分有限。导致这一现象产生的原因在于:德育教师一般比较注重课堂教学,因而会忽视对学生的具体了解,缺乏对学生管理工作的参与;对学生进行德育管理的教师则偏重于对学生日常行为的管理,对学生德育方面的教育和引导缺乏系统性。

二、中等职业教育德育管理的改革方向

综合分析前文中对于我国中等职业教育德育管理工作中所存在的问题,我们可以看出,在当前阶段下,我国中等职业教育德育管理的工作的改革方向应该主要从以下几个方面着手。

(一)完善制度建设和加强组织领导

学校德育工作需要一定的规范体系进行约束和指导,要改善中等职业教育德育管理工作,首先必须要建立一定的德育工作制度。从根本上来说,德育工作制度是一种管理制度,其作用突出体现在以下几点。

第一,德育工作制度不仅具体规定了学校德育工作的大致方向和基本框架,而且对学生的精神面貌和道德要求都有着相应的规定和指示。

第二,为抽象的德育工作提供具体的、正确的、实用的,具有针对性和权威性的实践指导,从体制上保证学校德育目标的实现,避免学校德育管理工作中出现的主客体错位,没有恰当的德育要求和德育工作的重要性被忽视的后果,避免出现德育管理流于形式和缺乏针对性以及走向功利化的情况。

第三,指挥、组织、协调、指导和管理德育相关人员的工作,最终顺利地完成德育任务。

由此可以看出,中等职业学校德育工作制度具有十分重要的作用。因此,在德育实践中,必须建立、健全德育制度,以本校学生的发展特点、教育培养目标,各部门的任务、分工,办学特色和切实可行的措施为依据,有针对性地制定出中等职业学校德育管理工作制度。

关于中等职业学校的德育制度,这里需要强调以下几点:第一,要使学生学会独立成长和不断挖掘自身的潜力;第二,应当关注培养学生的自律意识和自我规范能力,弱化他律的作用,尽量避免出现强制的手段;第三,任何制度若是没有监督的内容,制度的实施最终会走向混乱,使人们的行为具有随意性和主观性。因此,中等职业学校在制定德育工作制度时,必须规定监督的有关内容,避免德育管理工作空喊口号而缺乏实际的作为。

德育管理工作需要有相关的领导者来进行统筹规划和整体布局,德育工作可以实行校长负责的领导体制。对学生进行的德育管理工作统一接受

校长的领导,校长宏观把握德育工作与其他工作之间的关系,部署、检查、评估三者之间可同时进行。如果工作量比较大,副校长可以分担一些工作。明确规定学校各部门之间的责任与任务,积极配合,共同完成德育这项重大的工程。"党组织要发挥政治核心和监督保证作用,支持和协助校长做好学生思想道德教育工作。①"

另外,中等职业学校不同组织和不同部门之间,应当制订出相应的、具体可行的德育工作计划、工作方案和目标,层层把关,落到实处。

(二)发挥教师的主导作用

在中等职业教育德育工作中,教师在组织德育活动的同时,还要将一定的社会要求、社会意识传达给学生,以推动德育目标的顺利实现。

韩愈对教师的理解为:"师者,所以传道,授业,解惑也。②"教师不仅向学生传授基本的知识和技能,还在很大程度上影响着学生个人的道德行为习惯。教师与学生不仅扮演着实施教学者与接受教育者的角色,还存在着指导者与被指导者等多种角色关系,在学生道德品德的形成过程中,教师的影响是无可取代的。从根本上来说,在中等职业教育德育工作中,必须要充分发挥教师的主导作用。"学校德育工作需要有许多条件,但教师是起关键作用的因素和条件。③"在学生的人格形成过程中,教师潜移默化地影响着学生人格的发展方向。

对于学生来说,教师往往具有强大的吸引力和重要的影响力。教师的言行举止是学生学习的对象和榜样,其通过自身的独特魅力和教学手段,可以使学生在潜移默化中产生强烈的"亲其师"的倾向。在教师和学生的相互沟通和交流中,师生共同体验到教学过程中的愉悦。所以,在进行德育管理工作时,要使教师的主导作用得到充分发挥。

(三)提高德育工作队伍的质量

管理最终是由人来实施的,德育管理工作也同样如此。在现代社会中,中等职业教育德育管理工作对工作队伍的质量提出了较高的要求,为了达到这一系列要求,可以吸纳、挑选学校各个组织部门的优秀人员,如党政干部、德育课教师、班主任、共青团优秀干事、班级优秀干事等为本校的德育工作发挥骨干作用。德育管理工作是学校所有教师共同担负的责任,不容相

---

①　贺祖斌.职业教育管理[M].北京:北京师范大学出版社,2010.

②　黄永年.韩愈诗文选译[M].南京:凤凰出版社,2011.

③　谈松华.新时期德育的若干特征[J].中国教育学刊,2001(1).

互之间的推诿。学校要建设一支高质量的德育工作队伍来实施工作,需要做好以下几个方面的工作。

1. 加强德育课教师的队伍建设

德育课教师是负责对学生进行德育教学的专业人员,是对学生进行德育的专门力量。在中等职业学校德育工作中,德育课教师应该根据课程内容和特点,将德育的相关知识传授给学生。学校也要高度重视德育课教师岗位的设置,严格依据德育课的课时需要和教学任务,设置足够多的德育课教师;定期进行培训工作,提高学校德育教师的专业水平和教育教学能力,不断创造条件,加强德育课教师自身的思想建设。通过不断努力,使培养出来的德育教师队伍教学能力强,思想觉悟高。

2. 重视班主任(辅导员)队伍的建设

在我国各级各类学校中,班主任的责任都十分重大,对学生的思想、学习和生活等各个方面都要进行帮助和指导。因此,中等职业学校内部在选任班主任时,要从思想素质、身体素质、业务水平、职业精神等方面出发,任用适当的人选。由于班主任平时的工作比其他老师多了许多事务,因而其绩效工资分配应该予以适当的增加,使他们能够全身心地投入到自身的工作中去。

中等职业学校应该对校内的班主任进行适当的培训,为他们的思想和工作不断注入新的活力和力量,以提高班主任队伍的质量和素质。建立健全优秀班主任的表彰奖励体系,以班主任的业务水平为参考,并以此来决定班主任的聘任与晋升。除此之外,中等职业学校在聘任高级教师时,也应该优先考虑优秀班主任岗位的空缺。

3. 注重学校党政干部、共青团干部队伍的建设

在中等职业学校德育管理工作中,党政干部和共青团干部主要负责组织、协调、实行思想道德教育。各中等职业学校以及相关的教育行政部门,要加强团组织和团干部队伍的建设,充分发挥其在学生思想道德教育方面的模范作用和带头作用。具体来说,需要做好以下几个方面的工作:第一,通过"党建带团建",在党建工作的总体格局中纳入团建工作,使党建工作机制不断完善;第二,完善共青团组织建设工作,对表现出色的团干部进行选拔和培养,争取达到"校校有团委"的目标和"班班有干部"的水平;第三,党政干部要对共青团的工作进行领导和指示。

（四）建立科学的德育评价体系

在德育制度和德育过程中,德育评价作为其中的基本要素之一,对德育工作起着导向、监督、调节作用,并推动工作的不断发展和取得进一步的成果。"道德评价能力的发展是道德观念形成的重要组成部分。[①]"

为了改变中等职业学校德育工作中长期存在的形式主义问题,德育评价必须建立科学的德育评价体系,形成正确的标准和科学的态度。中等职业学校想要在德育管理工作方面取得更好的实效,必须大力改革德育评价体系,探索进行德育评价的新方式。中等职业教育所具有的职业性特征是其与其他类型教育的重要区别,因此,其德育教育必须重视学生个人品质、精神、素养等情感道德方面的状况,摆脱以考试成绩评价学生的错误模式。需要注意的是,中等职业学校必须注重培养学生良好的职业道德,使他们爱岗敬业,工作踏实、勤恳,具有诚实守信的品质。除此之外,德育工作者也必须注重学生个性的发展,充分考虑学生的个体差异和发展的不平衡性,恰当、公正地给学生进行德育评价。

中等职业学校的德育管理工作中,职业道德教育占据重要地位,学生与社会职业的接触更为明显,为了促进学生的就业,对学生进行职业道德教育是一项明智之举。

---

① 韩进之.教育心理学纲要[M].北京:人民教育出版社,2005.

第五章　中等职业教育的资源开发与利用

"资源"指生产资料或生活资料的天然来源,如地下资源、水力资源、人力资源。① 资源通常又被分为自然资源与社会经济资源等。而教育资源属于社会经济资源的一种,通过采取有效措施优化中等职业教育资源的配置方式,能够在有效开发与利用较为有限的中等职业教育资源的情况下,发挥出中等职业教育资源的最大效益。

第一节　中等职业教育资源概述

在研究中等职业教育资源的含义前,有必要先对教育资源的含义进行分析。袁振国教授在其主编的《当代教育学》一书中认为,教育资源指整个社会用于教育领域中培养不同熟练程度后备劳动者和专门人才的人力和物力的总和,以货币的形式表现出来就是教育投资。② 由此可见,中等职业教育资源至少有一部分并非来自天然,如教师、工作人员、校舍、教学设备、实验实习设备等。而如果将中等职业教育理解为有助于形成人的职业道德、增进人的知识技能、增强人的体质的活动,那么中等职业教育资源的范围就更为广泛,还应当包括文化传统、精神品质、道德品质、语言表达、技术技能等资源。

另外,还有学者将中等职业教育资源定义为"为实现教育目的所占用、使用和消耗的人力、物力和财力等。人力资源包括教学人员、行政人员、教学辅助人员、工勤人员、生产人员、在校学生、毕业学生等。物力资源分为:固定资产,包括公用固定资产,教学、实习、实训和科研用固定资产,其他一般固定资产和材料等;低值易耗品,包括各种原材料、燃料、试剂、低值仪器、

---

　　① 选自《现代汉语小词典》。

　　② 袁振国. 当代教育学[M]. 北京:教育科学出版社,2010.

工具文具等。财力资源是人力、物力资源的货币形式,分为人员消耗部分(包括工资、福利助学金、奖学金等)和公用消耗部分(包括公务费、设备费、修缮费、业务费、科学研究费和其他费用等)"①。

第二节　中等职业教育资源的分类与来源

一、中等职业教育资源的分类

如今,教育学界尚未对中等职业教育资源作过较为细致的分类。为此,本书在这里试图以资源的构成主体、表现形式,对中等职业教育资源进行划分。

(一)以构成主体进行分类

按照构成主体进行划分,中等职业教育资源可分为人力教育资源和物力教育资源两类。人力教育资源即由教育者和受教育者及其精神产品构成的教育资源,如教师、学生、教育观等;物力教育资源即由具体的物质资料构成的教育资源,如校舍、图书、实验器材、教学用具固定资产等。

(二)以表现形式进行分类

按照表现形式进行划分,中等职业教育资源可分为隐性教育资源和显性教育资源两类。隐性教育资源指以无形的、内化的、潜在的形式存在的教育资源,如中等职业学校的校园文化等;显性教育资源是指有形的、外在的、可见的政府、企业及个人投入的教育资源,如教师、图书、教学用具等。

二、中等职业教育资源的来源

(一)投资主体的多元化

1. 政府对中等职业教育的投资及其意义

(1) 政府对中等职业教育的投资

政府对中等职业教育的投资,是各中等职业教育学校能否正常、稳定发

---

① 史国栋,沈永祥. 中等职业教育论[M]. 北京:外语教学与研究出版社,2011.

展的最关键因素。由于中等职业教育是一种介于"私人产品"和"公共产品"之间的"准公共产品",因此投资中等职业教育是政府参与社会、政治、经济活动,行使公共权力,发挥公共职能作用,追求特定的公共利益的实际需要。

(2) 政府对中等职业教育的投资意义

①发挥宏观调控作用。让一些无法升入更高级别教育的学生接受职业教育,对整个社会经济的发展可以说具有重大的促进作用。政府投资中等职业教育有助于有计划、有目的、有针对性地开发和利用人力资源,有助于在当前市场经济条件下,弥补、消除市场自行调节所带来的不足,以发挥政府宏观调控的杠杆作用。实际上,政府对中等职业教育的社会、政治和文化价值的追求,也可以满足社会对中等职业教育的政治、文化和经济价值方面的需要。

②发挥财政的基础配置性作用。政府负担中等职业教育投资的主要形式就是财政拨款。其主要包括以下几方面内容。

其一,首先由政府财政部门按照预算将教育经费拨付给教育行政管理部门,其次由教育行政管理部门拨付给各中等职业教育学校,或者由政府直接将经费拨付给各中等职业教育学校。

其二,税收的减免,即校办企业享受免交利润所得税的优惠。

其三,专项补助,指政府对学校特定用途的补助。其内容、项目相对十分广泛,如校舍维修、实习基地建设等。

其四,对学生的资助,主要形式有对中等职业教育学校中的贫困或低收入家庭的学生进行无息或低息贷款、核拨奖学金和助学金,如国家从 2007年开始对中等职业学校学生每人每学期补助 1 500 元等。

其五,科研拨款,包括政府各部门对中等职业教育学校的科研拨款、科研补助、科研项目合同拨款等。

2. 企业对中等职业教育的投资

企业投资是中等职业教育资源的组成部分之一。企业投资的动机往往在于企业对利润的内在追求,以及来自于市场竞争的外在压力。一般来说,企业投资中等职业教育不仅为了追求一定的经济利益,同时也为追求非经济或社会性利益。企业对中等职业教育提供资助和捐献,不仅能够有效缓解中等职业教育经费紧张的问题,而且也有助于中等职业教育和企业的合作共赢,促成一种良性循环发展。企业对中等职业教育的投资通常有两种形式:一种是直接投资,即企业自己办中等职业教育学校,培养自己企业所需要的员工,或对自己企业的员工进行相关培训;另一种投资则是间接投资,即企业赞助中等职业教育学校办学,为其提供一定的经费和实习设备或者实习场所,或与中等职业教育学校一同开展多种形式的校企合作等。

3. 个人对中等职业教育的投资

个人对中等职业教育的投资,往往表现为受教育者个人及其家庭对中等职业教育的支出。受教育者个人及其家庭负担的教育投资,一般分为直接投资和间接投资。直接投资包括为接受中等职业教育而支出的部分教育费和生活费等;间接投资是指达到法定劳动年龄的受教育者因受教育而未就业可能放弃的收入。

受教育者个人及家庭之所以负担这种投资,是由于他们预期受教育可以获得经济的、非经济的收益。其中,经济收益包括预期收入较高的职业,较多、较好的就业机会和职位晋升机会,以及在地区、城乡、部门之间的流动机会等。我国自 20 世纪 80 年代改革开放以来,经济保持着持续稳定的增长,城乡居民收入有了较大幅度的提高。为此,受教育者及其家庭负担部分教育投资是完全可能的。

但是,长期以来,受教育者的个人投资在我国教育投资总额中所占比例较低。不过,近些年来,非义务教育阶段的中等教育的改革,使得个人的教育投资上升较快。在一些地方,个人投资甚至占了整个中等职业学校经费的一半以上。

(二)经费来源的多样化——以德国中等职业教育为例

中等职业教育经费来源的多样化,可以说是一种国际惯例。下面以德国中等职业教育为例进行说明。

德国的中等职业教育一般是由社会众多部门参与的多元多层次管理体制。除了联邦和州政府之外,各经济部门、行业协会、联邦劳动局、公共部门和教会都可以说是中等职业教育的直接参与者。以《联邦职业教育法》所规定的要求,中等职业教育包括职业培训、职业继续教育和职业转换培训三方面内容,分别由不同的机构承担且在不同的地点进行。

而在众多教育承担机构中,联邦政府、州政府以及企业是最主要的经费承担者。其他参与者通常在职业继续教育和转岗或转业培训方面提供部分经费。

可以说,德国的中等职业教育经费保障体系是由公共财政和私营经济共同资助的一个多元混合模式,并包括以下 5 种资助成分:企业外集资资助,企业直接资助,混合经费资助,个人资助,国家资助。下面则对这几种资助成分进行简要的分析。

1. 企业外集资资助

企业外集资是为了防止培训企业和非培训企业之间的不平等竞争而引入的一种融资形式。而依照集资对象的不同，其又可以以多种基金形式进行设立。一般来说，企业外集资资助主要有中央基金形式、劳资双方基金形式以及特殊基金形式等，具体见如下分析。

（1）中央基金形式

中央基金形式是由国家负责设立、以法律形式固定，并向国营和私营企业进行筹措经费的一种模式。

按照相关规定，所有国营和私营企业不论培训或非培训企业，在一定时期内都需要向该基金交纳一定数量的资金（通常按企业员工工资总额的一定百分比提取）。国家则按照经济发展状况而确定或调整相应的比例，其值一般在 0.6%～9.2% 之间。

中央基金由国家统一分配和发放，并设定有一套十分严格的分配制度和资金申请条件。例如，中央基金明确规定，只有培训企业和跨企业的培训中心才能有资格获得相应的培训资助。

不同的培训职业、不同年限的培训、经济发展水平不同的区域和不同规模的企业，其所获得的经费资助的多少，是存在较大差别的。通常而言，企业可以获得其培训费用的 50%～80% 的补助；如果所培训的职业前景较好，那么企业就可以获得 100% 的资助。这在一方面激发了企业参与培训的积极主动性，同时在另一方面也可以平衡企业之间的经济负担，在一定程度上避免了可能由此而引起的不平等竞争。

（2）劳资双方基金形式

劳资双方基金形式是 20 世纪 80 年代德国所出现并兴起的一种资金筹措形式。其倡议者是代表广大雇员阶层的工会组织。

该基金主要来源于实行劳资协定的企业。这些企业需要定期向基金会交纳一定数额的资金作为培训费用。而这些资金主要用于企业外培训，尤其是学徒培训第一学年在企业外培训中心的费用以及建立企业外培训中心的投资费用。如今，实行这种基金形式的有建筑、园林、石雕和烟道清扫业等行业领域。以建筑行业为例，其各企业须交纳占职工工资总额 0.5% 的资金。

劳资双方基金可以依照行业的特点，集中兴办企业所共同需要的企业外培训中心。为了保证基金的稳定和不受经济状况变化的影响、制约，企业交纳资金的比例是以经济平均发展水平而定的。如此一来，这不仅保证了基金数额较为固定，同时又对培训企业的培训决策提供了较为稳定的经济基础,并在一定程度上保证了培训和就业市场的供需平衡。此外,由于这种基金是以企业工资总额的百分比所计算的,因此其对工资结构不同的企业也会产生不同的影响。

(3)特殊基金形式

在企业外集资经费渠道中,还有以下几种较为特殊的基金形式。

①区域基金。这种形式是为了满足某一地区的特殊需要,并为了促进该区域内职业教育的平衡发展而设立的。其基金经费往往来源于一定的经济区域范围,主要用于资助经济发展较差的地区的职业教育。

②行业协会基金。这种形式在德国十分普遍。基金由行业协会向所辖企业征收,主要用于行业协会承办的跨企业培训中心和继续教育中心,而不用于企业培训。

③行业基金。这种形式是为了满足某个行业的特殊需要,为促进行业职业教育的良好发展而建立的一种基金形式。其通常要求行业内的所有企业向该基金交纳一定数额的资金而作为本行业职业培训的共同经费,同时基金由行业自行管理、统一分配。该模式的优点在于能够充分调动本行业的所有企业直接或者间接地参与本行业技术工人的培训。毕竟资金只分配给本行业的培训机构,可以使培训向行业专门化方向发展。其缺点在于容易偏离统一的培训要求。

2. 企业直接资助

企业直接资助是德国"双元制"职业培训经费的主要渠道之一。企业投资建立职业培训中心,购置培训设备并负担实训教师的工资和学徒的培训津贴。德国采用这种模式的,一般都是制造业领域的大中型企业,如西门子公司、大众汽车公司等,以及经营服务性产业,如德意志银行、大型百货公司等。这些企业由于对技术工人需要量较大,因此可以依靠自身的培训中心或培训部培养储备人力资源。而小型企业如手工业企业则一般没有培训中心,其学徒需要到跨企业的培训中心进行培训。因此,小型企业除了须支付实训教师的工资和学徒的津贴之外,还需要为跨企业培训中心支付一定的培训费用。

3. 混合经费资助

混合经费资助形式是建立在企业直接资助和企业外集资形式基础之上的,由国家对企业提供税收优惠政策而构成的一种间接资助形式。换言之,培训企业用于培训或者交纳给基金会的资金,在一定时期内可从国家的税款中按照一定的比例进行扣除。当前,这种优惠税款包括专门扣除款、及时扣除款、固定扣除款、补偿款和社会福利优惠款等。

4. 个人资助

个人资助是指受培训者自己出资并参加职业教育培训。该形式主要存在于职业继续教育领域中。

5. 国家资助

国家资助是政府利用国家财政资助职业教育发展的一种形式。在德国,国家资助主要是通过州政府、联邦劳动局和联邦职业教育研究所向各职业学校、跨企业培训中心和职业继续教育机构提供的。

第三节 中等职业教育资源现状与改善

一、中等职业教育资源现状

(一)中等职业教育经费投入及其问题

1. 中等职业教育经费投入

伴随着我国职业教育的迅猛发展,中等职业教育对经济增长开始发挥越来越大、越来越明显的作用。可以说,培养各种复合型、实用型的蓝领人才,满足各行各业对高素质中级技能人才的需求,是中等职业教育对推动区域经济发展所作出的巨大贡献。

不过,长期以来,教育经费投入问题一直在困扰着我国职业教育的发展。而这一点在中等职业教育发展过程中尤其突出。近些年来,教育部将加快中等职业教育发展作为教育工作的战略重点,以切实有效地推进中等职业教育的快速发展,并采取了一些强有力的措施。截至 2008 年,中等职业教育招生规模已达 850 万人,实现了中等职业教育与普通高中规模基本相当、协调发展的目标。温家宝同志曾经在十届全国人大五次会议上做的政府工作报告中指出:职业教育是面向全社会的教育,大力发展职业教育是一项重大变革和历史任务,要把发展职业教育放在更加突出的位置,重点发展中等职业教育,建立健全覆盖城乡的职业教育和培训网络。可以说,党中央的这种政策倾向,势必会为我国的中等职业教育发展带来新的契机。

2. 中等职业教育经费投入的主要问题

中等职业教育经费的主要来源包括财政拨款、学杂费收入、勤工俭学收入和其他收入等。其中,学杂费收入一般用于弥补公用经费的不足。从 20世纪末到 21 世纪初,随着我国学生数量的逐年减少,学杂费的收入也呈现出逐年降低的态势。而勤工俭学收入和其他收入占中等职业教育经费的比重也微乎其微。即便近些年来中等职业学校扩大招生规模,学杂费随着招生人数的增加而增加,但其相应的教育成本也开始增加,依然无法改变大多数中等职业学校、特别是欠发达地区的中等职业学校,依赖学生的学杂费得以维持运转的现状。

我国中等职业教育经费支出除了绝对量和相对值较小之外,如果以动态的眼光来看,那么中等职业教育占全部教育经费支出的比重则有所降低。从 20 世纪末到 21 世纪初,全国中等职业教育经费支出从 349.58亿元仅增加到 424.46 亿元,增长幅度为 21.42%,远小于同期全国教育经费总支出 88.18%的巨大增幅。与此同时,全国中等职业教育经费支出占总教育经费支出的比重,也从 20 世纪末的 11.47%,下降到 2003 年的 7.40%。而在同期全国教育经费支出中,高等教育经费支出绝对量从711.51 亿元增加到了 1 802.65 亿元,几乎增加了 1.5 倍,相对比重也得以上升了 8.09 个百分点。另外,同期普通中学教育经费支出也增长了近一倍,相对比重略有上升。由此也可以看出,我国在各级各类教育经费投入中,存在着巨大的差异。

不过,近些年来党中央、国务院以科学发展观为指导,提出了大力发展我国职业教育的任务,从而使得我国中等职业教育进入了新的发展改革时期。2004 年,我国中等职业教育在校生达到 1 409.2 万人,比 2003 年增长12.1%,是步入 21 世纪以来增长最快的一年。然而,在中等职业教育规模逐渐得以扩大的情况之下,其教育投入并没有保持快速的同步增长。于是,中等职业教育的教育投入跟不上规模发展的问题,也就严重制约了中等职业教育学校的发展。2004 年,中等职业学校生均教学仪器设备值为 2 121元,比 2003 年下降 38%。一些中等职业学校甚至不具备举办职业教育的基本条件,如全国 14 000 多所各类中等职业学校,可以达到基本办学条件的不足一半。另外,还有的中等职业教育学校虽然挂了职业学校的牌子,但其实验、实训条件相当差,根本无法适应技术、设备、工艺更新以及产业结构调整对人才提出的新需求。

具体而言,中等职业教育经费投入的主要问题包括以下几方面。

（1）各级政府对中等职业教育投入不足

政府对中等职业教育投入的程度，将直接关系到我国职业教育事业的发展。为此，要加快发展中等职业教育，就必须加大对中等职业教育的投入。而为了保证投入的主渠道作用，我国也相继出台了一系列的政策法规。例如，《中国教育改革和发展纲要》就明确规定，国家财政性教育经费支出需要占国民生产总值的比例要达到4％；中央和地方性政府教育拨款的增长，须高于财政经常性收入的增长，并使按在校生人数平均的教育费用逐年增长，以保证教师工资和生均公用经费逐年有所增长等。当前，在办学经费严重不足的情况之下，一些中等职业教育学校为了获得发展，不得不采取"举债兴教"的方式，但其巨额本息的支付却使本校加大了了财务费用，面临着十分严峻的财务风险，从而影响了中等职业教育资源的合理配置。

通常而言，从中央到地方各级政府每年对中等职业教育教育的投入至少应与当年在校生规模保持同步增长。同时，假如考虑到物价上涨等其他因素，那么教育拨款的增长应当略高于当年在校生规模的增长，以确保中等职业教育学校教育教学的顺利进行。以2004年为例，我国中等职业教育预算内拨款为247.86亿元，虽然比2003年增长了6.96％，但却明显低于当年在校生规模增速的12.1％。

以我国各级各类学校在校生规模及其生均成本测算，中等职业教育的经费投入占各级各类教育总投入的比例至少应当超过10％。不仅如此，国际上发达国家的实践经验也证明，职业教育的办学成本不仅高于普通高中，同时其投入也应比普通高中高。可是，我国中等职业教育的投入现状与此却有着较大的差距。以2004年为例，我国中等职业教育预算内教育拨款占各级各类教育预算内拨款总额的比例为6.15％，比普通高中大约低4个百分点；而与普通高中预算内拨款占教育拨款总额的比例逐年增长的情况相比，我国中等职业教育预算内拨款所占比例自1993年以来逐年下降，2004年比2000年又下降了3.15个百分点，仅相当于1993年的一半。[①]

总之，目前各级政府对我国中等职业教育的投入较为有限，远远无法满足中等职业教育学校规模扩大发展的需求，从而造成中等职业教育师资短缺、教育教学质量不高、毕业生的社会认可度较低等后果。而这也就需要各级政府逐步加大对中等职业教育的投入力度，支持其实习实训基地建设、充实教育教学仪器和设备、改善办学条件、提高教育教学的水平与质量、不断培养适应社会需要的中级技能型人才。

---

① 史国栋,沈永祥. 中等职业教育论[M]. 北京:外语教学与研究出版社,2011.

（2）政策落实不到位，办学条件差

目前，我国的职业教育事业还相对较为薄弱，尤其是中等职业教育，规模虽然连年得以扩大，可是办学条件却没有得到根本性的转变，与社会经济发展的要求也严重不符。这主要体现在以下两方面：一方面，社会各行各业技能型人才紧缺，迫切要求中等职业教育加快培养社会急需的高素质技能型和现代服务型人才；另一方面，许多中等职业学校又不具备培养社会所需要的高素质劳动者的条件。加之政府对中等职业教育的投入远不如对普通高中的投入多，因此也就造成了许多中等职业学校缺乏必要的实验和实训设备，并且与生产现场和职业现场的差距相当明显。如此条件根本无法培养出适应当代职业岗位所需要的中级技术型人才。为此，各级政府也就必须加大对中等职业教育的投入，以发展中学的要求和标准来发展中等职业教育。

（3）教育经费内部结构比例失调

由于中等职业教育具有较强的职业性、实用性和实践性等特点，因此在教学过程中除了需要与普通教育一样的教学条件之外，还需要特定的实习场地、训练场地、各种仪器设备等。所以，这就需要更高的经费作为支持与保障。但是，当前中等职业教育经费的使用总是呈现出人员经费比例过高、公用经费比例过低，即教育经费投入的很大一部分用于支付教职工工资，没有用于实习场地与实验器材等，从而难以开展正常的教学，无法实现人才培养目标。

当前，我国中等职业学校的生源主体是农民子女和城镇工人家庭子女。根据相关调查分析显示，父母为农民、工人、无业者和个体劳动者的中等职业教育新生占96.4%，而且他们家庭一般都是低收入家庭。不仅如此，其中25.5%的家庭无法承担学费。随着中等职业教育学费不断上涨，个人成本分担比例偏高，使得一些家庭无法承受巨大的经济压力。这在一定程度上加剧了我国中等职业教育生源不足的问题。而近些年来，国家采取了对中等职业学校在校生发放助学金的办法，但这些助学金是由中央政府和地方政府按照一定比例进行分担的，许多地方政府限于地方经济发展水平情况，很难足额配套。另外，每名中等职业教育学生每年1 500元的补助，相对于年均每人1万多元的学习、生活费用，还是显得杯水车薪。

（二）中等职业教育资源的分配

1. 中等职业教育资源分配的特点

从教育的三级分配情况看，我国教育资源的分配属于偏高等教育型的教育结构;而与此同时,我国中等职业教育的人均教育经费只相当于高等教育的 1/4 或 1/6 的水平。而如果从地区的中等教育资源投资结构看,我国城乡东中西部的中等职业教育资源投资也是不平衡的。中央政府划分支出范围让地方政府直接投资,上级需要按照中等职业教育发展需要而对地方进行专项投资补助。

从我国中等职业教育资源投资的内部结构分配来看,我国教育事业经费与教育基建投资的比例是比较协调的。不过,其中不合理的倾向是人员经费所占的比重上升过快,而公用经费所占比重则不断下降。

总体来看,我国中等职业教育资源分配在整个教育资源分配的生均教育经费中所占比例较低;高等教育投资所占教育经费比例远超中等职业教育;中等职业教育的投资也远低于基础教育;我国中等职业教育经费也出现了不断下降的现象。而从城乡的教育发展对比看,我国农村的中等职业教育发展状况远落后于城市的中等职业教育发展状况;从发达地区和不发达地区的中等职业教育发展对比来看,地区间中等职业教育发展极为不平衡,我国不发达地区中等教育的发展也远远落后于经济发达地区;从各省的中等职业教育发展看,各省之间也存在较大的差别。可以说,我国的中等职业教育资源分配,缺乏在地区间进行内在平衡的机制。

2. 中等职业教育资源的配置状况

在改革开放之前,我国中等职业教育资源实行相对集中的投资配置模式。这也就是说,中等职业教育所需资金的筹措与分配由中央政府和地方政府共同负责。其中,中央政府及省级政府在中等职业教育资源的筹集与分配中占有较大的份额,且承担较多的责任,并按照中等职业教育实施的最低标准向各地区提供基本的教育经费。由于分配中等职业教育资源的权限集中在中央或省级政府部门,因此这就能够达到协调和均衡的作用。毕竟如此一来可适当地消除或避免地区经济发展不平衡对中等职业教育发展造成的影响,从而在较大范围内创造均衡接受教育的环境,有效制约地方政府的不规范行为。这样的资源配置模式,比较符合我国地区经济发展不均衡的国情。

在改革开放之后,我国中等职业教育资源配置方式基本上是以分散管理为主。中央政府在中等职业教育资源的分配中只发挥十分有限的协调和保证作用。地方各级政府则可以说是执行的主体,负责筹集、分配中等职业教育资源。地方中等职业教育经费由省级政府财政负担,城市中等职业教育经费主要由城市财政负担,省级政府对中等职业教育的实施进行统一的指导和管理。这种分配方式配合了整个经济体制的改革,克服了传统教育体制统收、统支的高度集中和管理僵化的分配格局,充分调动了地方政府和社会办学的积极性,提高了管理与发展的灵活性。不过,这种主要由地方各级政府提供中等职业教育资源的模式也存在不利的一面,即加剧了我国城乡、地区间中等职业教育之间的教育发展水平的不平衡性。

二、中等职业教育资源的改善——以教育经费为例

上述研究分析表明,当前我国中等职业教育经费投入较为短缺,家庭成本分担比例较高,生均教育经费地区差距明显且呈进一步扩大的趋势等。因此,为了促进我国中等职业教育健康、持续、协调、快速发展,须采取一定的措施进行相应的改善。

(一)加大政府的投入力度

在我国义务教育基本普及、高等教育进入大众化阶段之后,加强中等教育已经成为促进我国各级各类教育协调发展的重要任务之一。而中等职业教育又是我国中等教育中较为薄弱的一环。为此,各级政府需要进一步发挥宏观调控作用,加大对中等职业教育的投入力度,以促进中等职业教育快速、良好发展,解决中等教育发展的"瓶颈"问题。

而从适应我国基本国情、转变政府职能和国家发展战略目标的角度出发,各级政府也应当对中等职业教育发展提供更多的资金支持。国务院此前已经出台了《关于大力发展职业教育的决定》,要求在"十一五"期间中央财政投入 100 亿元,以加强我国职业教育,尤其是中等职业教育的基础能力建设。可以说,我国中等职业教育由此也迎来了发展的新机遇。在中央不断加大对中等职业教育投如力度的同时,各级地方政府也应当切实落实贯彻中央有关文件精神,加强对本地区中等职业教育的投入力度,执行国务院有关文件中发展中等职业教育的相关规定,逐步解决中等职业教育经费投入不足的问题。

(二)进一步完善贫困生资助体系

当前,我国对义务教育阶段、高等教育阶段贫困生的资助体系相对较为完善,而对中等职业教育贫困生的资助体系才刚刚进入到建立阶段。而为了有效促进中等职业教育的发展,2006 年,财政部、教育部共同出台了《关于完善中等职业教育贫困家庭学生资助体系的意见》,提出国家财政计划在"十一五"期间,安排 40 亿元专项资金用于支持中等职业教育贫困家庭学生助学制度建设,以解决部分中等职业教育贫困学生的上学问题。

　　但是,由于当前我国中等职业教育的学生多为家庭经济收入低的农民子女或城镇工人子女,贫困生比例相对较高,资助体系尚无法全面覆盖中等职业学校的所有贫困生。为此,这也就需要各级政府采取强有力的保障措施,完善相关资助政策,建立健全中等职业教育贫困学生助学制度,以使所有中等职业教育学生都能平等地接受教育,不因贫困而失学。

(三)加大对中西部地区的财政转移支付力度

　　从上述生均事业费的地区分类而言,职业中学生均事业费长期处于后两类的地区为河北省、山西省、安徽省、江西省、河南省、湖北省、贵州省、陕西省、内蒙古自治区,而且基本为中、西部地区省份。这些省份的人均GDP、财政收入以及财政支出均处于全国靠后的位置,经济发展明显十分缓慢。由于生均经费的地区差异主要是由经济发展水平的地区差异造成的,因此,要缩小地区间教育经费的差距,那么首先就需要提高这些地区的经济发展能力,改善这些地区的基础设施,以促进资本、技术、劳动力等生产要素向这些地区的流动,使其能够拥有较多的资金而投入教育。

　　于是,在这些地区短时间内经济发展水平无法快速提升的情况之下,中央政府和省级政府必须加大对这些地区的财政转移支付力度,以增强这些地区的财政能力。这些地区可通过中央政府和省级政府的转移支付资金而加大对中等职业教育的投入,缩小其与全国教育发展平均水平和经济发达地区之间教育发展水平的巨大鸿沟,以最终促进各地区中等职业教育的均衡、协调发展。

(四)形成办学主体多元化的格局

　　自我国改革开放以来,虽然国民经济得到了快速发展,但目前依然是发展中国家,财力相对较为有限,因此要求国家在短期内大幅度加大对中等职业教育的投入是不现实的。不过,我们也不能因此而放慢对中等职业教育事业的发展。我们应当充分利用职业教育特有的优势,多方筹措资金,逐步加大对中等职业教育的投入。为此,这就需要解放思想,按照市场和企业需求变化,不断地开发新专业,坚持"企业需要什么,学校就开设什么"的原则,培养各种有技术专长的蓝领人才,以适应人才市场的实际需要。

　　然而,学校每开发一个新专业均需要投入大量的人力、财力,如教师的培训、设备的配置等。在教育经费投入严重不足的情况之下,学校应当积极与当地的对口企业加强沟通与联系,以增强中等职业技术教育的社会认可度,吸引更多的团体、个人和企业参与到中等职业教育的办学之中来,以"谁受益谁买单"的经济原则,促使各企业为中等职业教育发展出一份力。通过该渠道可拓宽中等职业教育的经费来源,形成办学主体多元化格局。

此外,为了加快形成多元的办学经费来源渠道,中等职业教育学校可通过与行业、企业建立战略联盟以及面向行业、企业、社区培养特色人才等多种模式来获得不同渠道的经费支持,如为行业及企业"订单"培养人才、承担政府委派或不同单位委托的职工培训、面向社会需求开展多种社会化培训等。

(五)加强成本核算

加强成本核算是指须大力整合各地中等职业教育资源,使教育经费的使用主体能尽量避免低效、无序。因此,各中等职业学校要认真核算办学收入与办学成本,使现有资源能够得以充分利用,并在不影响教育教学质量的前提之下,降低办学成本,解决学校分布过于分散、规模较小、专业重复设置、教育质量得不到保证等问题。与此同时,各中等职业教育学校也要严格把好师生比例关,对教师资源进行整合,精减机构,精减人员,让学校的多余人员参加校办企业的发展,为学校创收。如此一来,这不仅能缓解目前较为庞大的教师队伍为财政带来的巨大压力,同时还能提高工作效率和教学质量。

第六章　中等职业教育学生管理

由于中等职业教育肩负着培养建设、生产、服务、管理等领域一线中级技术人才的重任,因此,其学生管理工作便成为中等职业教育人才培养的核心组成部分之一。不仅如此,这也是中等职业教育学校扩大本校影响力、提升本校形象的有效途径之一。而想要做好中等职业教育学校的学生管理工作,就必须加强研究,理解和把握中等职业教育学生的身体发展特点、思想特点、心理特点,以便对症下药、有的放矢,确保管理工作的有效性,最终保证中级技术人才培养的质量。

第一节　中等职业教育的学生管理概述

一、中等职业教育学生管理的原则

在中等职业教育学校培养中级技术人才的工作过程中,学生管理可以说是一个相当重要的环节。而要想做好中等职业教育学生管理工作,那么就必须在坚持"以学生为本"的原则之下,坚持法治化管理原则。

（一）"以学生为本"原则

"以学生为本"原则,实际上也是指导中等职业教育学生管理工作的最高原则。其从根本上决定了中等职业教育学校学生管理工作的具体管理理念、管理模式等。由于学生管理工作的整体设计和构思通常是建立在对"为什么这样做"和"怎样做"等的基础之上的,因此,"以学生为本"原则通常要求学生管理工作必须重视学生的实际需要,以学生的利益为根本出发点,以学生的需求为中心。

除此之外,中等职业教育学校的学生管理工作还必须围绕激发和充分调动学生的主动性来开展。而这也就要求学生管理工作必须以学生为中心，建立促进学生健康成长、全面发展的长远目标。

针对中等职业教育对象是尚处于身心发展关键阶段的青年学生，因此"以学生为本"原则就从根本上决定了中等职业教育学校学生管理工作必须遵循以下 3 方面具体要求。

1. 自我管理

中等职业教育学生的自我管理，可以说是整个时代进步的要求，同时也是中等职业学校学生管理工作当中贯彻"教育以人为本，以学生为主体"的具体体现。自我管理是由中等职业教育的特质以及中等职业教育的目的所决定的。

如今，随着我国社会主义民主法制建设不断加强与完善，处于这一时代大背景下的学生的民主意识、法治观念也得到了增强，而且其思维、观念等也更加多元化，有着较为强烈的自尊心和自立意识，十分希望处于较为宽松的环境，同时也善于依靠机会来展示自己的才能。

不过，当前许多中等职业教育学校的学生管理工作依然以行政命令式的管理为主，几乎不关注学生的思想、心理特点、期望等，而且也不符合中等职业教育的培养目标。为此，中等职业教育学校应当为其学生创造出一个相对较为宽松的校园环境，让学生能够进行自我管理。这不仅有助于学生学会自我约束，同时也有助于学生挖掘自己的内在潜力，有助于他们未来在进入社会之后，能够在错综复杂的社会环境中得以生存、发展。

2. 服务

如果从消费的角度出发，那么教育服务可以被称为一种十分特殊的商品，而学生则是学校所提供的教育商品的消费者。一旦没有学生的话，那么学校也就相应地失去了其存在的价值。而作为学校的"顾客"，学生有权利得到学校应尽的"服务"。而这种"服务"必须是学生管理工作的出发点与归宿点。中等职业教育学校的学生管理工作亦是如此。

尽管目前中等职业教育学校的学生管理工作出现了一些服务学生的项目，如心理健康咨询等，但传统的学生管理理念在中等职业教育学生管理工作中依旧起到了决定性作用。在整个中等职业教育学生管理工作过程中，学生完全被看做被管理者，需要完全服从管理者的相关管理，完全听从管理者的安排。其管理工作的目标是"管好学生""管住学生""不出任何意外事故"，重点在于满足学校当前的现实需要，即本校的稳定和发展，而不是为了满足学生的未来实际发展需要。

而"以学生为本"原则强调了以学生为立足点,以学生的全面发展为出发点,为中等职业教育学校学生的成长过程创造出一个十分广阔的平台和空间。在中等职业教育学生管理的工作过程中,管理者应了解学生的特点、尊重学生的想法、考虑学生的情感与思想特点,才能够树立为学生服务的意识,为学生的根本利益着想。而这也是正确处理好学校管理者与学生之间关系的有效途径之一,中等职业教育学生管理工作也能因此而获得良好的效果。

3. 平等

平等,是人与人之间的一种和谐关系,是人对人的一种良好态度。这就要求中等职业教育学校在学生管理工作中,必须与学生保持一种平等的关系。他们之间应当互相尊重对方的价值观念、人格尊严等。其中,管理工作者不能因为自己是管理工作人员,就可以视自己为权威,可以对学生"指手画脚"。相反地,管理人员需要在管理学生的过程中,为达到中等职业教育的目的,平等地对待每一名学生,不受民族、宗教、性别、年龄、出身、家庭、智力、身体状况等因素的影响。

当然,这里所谓的平等,并非绝对的、空泛的平等,而是可以保障学生主体地位的实际平等。其允许"合理的不同处置",毕竟就法律上而言的。所谓的"合理",是需要斟酌"事实上的差异"以及"立法的目的"所作的差别待遇。为此,具体到中等职业教育学校的学生管理工作中,如学校为了解决校内一些贫困学生的困难而特设的勤工俭学岗位,必须是符合该条件的贫困学生才能进行申请;不符合条件的非贫困生不能申请。这就是一种针对贫困生与非贫困生的差别待遇,不过却是十分公平合理的。

(二)法治化管理原则

近些年来,学生起诉其所在学校侵犯其合法权益的案件已多见报端。这种频繁现象的发生,一方面反映了当前正处于一个"走向权利的时代",学生的权利意识得到了普遍提高,越来越多的学生都开始"认真地对待权利""维护自身权利";另一方面也反映了当前学校的学生管理工作还存在着诸多问题,凸显了学校在学生管理工作上法治观念的匮乏。中等职业教育院校亦是如此。如果中等职业教育学校想要减少此类问题的发生,那么就需要走学生管理法治化之路。就当前情况而言,中等职业教育学校依法管理学生,通常需注意以下几个方面。

1. 建立校内申诉制度

就中等职业教育学校的学生管理工作而言,校内申诉制度是学生由于对学校有关职能机构或者人员做出的处理决定不服,或认为其有具体行为侵犯了自身的合法权益,而申请学校依照规定程序进行审查处理的一项申诉制度。校内申诉制度可谓是保证学生权利的第一途径,而且也是第一选择。其与行政申诉、诉讼等相比,具有快捷、方便等优点。所以,无论国家教育法律法规是否有十分明确的规定,相关内容也必须在学校的规章制度中得以体现。

2. 科学、合法、民主的规章制度

(1)科学的规章制度

科学的规章制度,即学生管理规章制度的内容需要符合具体的国情、本校的校情;需要对学生的学习或生活等行为规范具有合理性;需要符合中等职业教育的培养要求;需要符合中等职业教育学生的心理特征及其生理发展规律;需要依据实际情况的变化发展而及时进行修改、废止或重制。

(2)合法的规章制度

合法的规章制度,即学生管理的规章制度应符合《高等教育法》《普通高等学校学生管理规定》等国家有关学生管理法律法规以及相关的政策方针。当法律政策不够健全、完善时,则需符合法律的基本原则与基本精神。

(3)民主的规章制度

民主的规章制度,即学生管理的规章制度内容由于往往涉及学生的各种切身利益,因此在制定过程中必须充分征求学生的意见;同时,其制定的程序需要符合本校章程,让参与制定规章制度的人员有机会表达自己的意见与想法,能够提出自己的建议,并形成学生管理工作的规范性文件。

3. 管理权的结构设置应有分工、制约

英国的思想史学家阿克顿曾经说道:"权力导致腐败,绝对权力导致绝对腐败。"具体到中等职业教育学校,为了防止学生管理工作人员滥用权力来侵犯学生的正当利益,无论是学校的管理机构还是学生自我管理的机构,都需要按照分工制约的原则,通过对管理权的合理配置以及有效的制约机制和监督机制,防止由于权力过分集中而导致管理人员权力滥用的问题发生。

二、中等职业教育学生管理的内容

加强学生管理的目的,实际上就是为了促进学生形成良好的学风、良好的学习与生活习惯,最终实现教育目的和人才培养目标。学生管理作为一项较为细致、耐心和复杂的工作,贯穿于学生从入校到毕业的整个过程之中。为此,学校管理工作者必须以严谨、细致的态度,让学生管理的各个方面得以到良好衔接,使各种措施能够相互补充,以形成一个较为统一的管理网络。一般来说,中等职业教育学生管理的内容,主要包括以下几方面。

(一)招生管理

招生,可以说是中等职业教育学生管理工作中的第一环,需要做好以下两方面工作。

1. 制订招生计划

以社会的实际需要,特别是目前和未来的人才需求,并充分结合本校的实际可能性来制订招生计划。

2. 把好招生录取关

这项工作的好坏直接影响到整个学校的发展与名誉。中等职业教育学校应选拔出一些作风良好、工作能力强的校内人员来参加录取工作。而这些录取人员要充分学习、了解招生工作的各项相关政策规定,坚持德智体美劳全面考核、择优录取的基本原则。

(二)学籍管理

学籍管理是对学生修业期间所有活动进行的相关管理及其规范。对中等职业教育学校学生的学籍管理,教育部以及各个省(直辖市、自治区)的教育厅皆有十分明确的规定。各中等职业教育学校须严格遵循这些规定,全面贯彻党和国家的相关政策方针、法律法规,对中等职业教育学生从入学到毕业进行全过程的统一管理,以建立良好的教学秩序,规范学生的日常行为,让学生得到身心的全面发展。此外,中等职业教育学生学籍管理还要抓好3个关键性的环节,即新生入学资格的审查、学习过程的考核以及毕业资格的审查。由于本章第二节还要对学籍管理进行更为详尽的阐述,故在此不作过多赘述。

(三)行为管理

行为管理是提高受教育者文明修养,促使其养成良好行为习惯的教育,通常贯穿于政治思想教育、法制教育、劳动教育以及各种教学活动之中。

中等职业教育学生,其行为管理的基本内容包括:①尊重他人,关心他人；②同学之间团结互助、共同进步；③讲究卫生，仪表整洁，展现当代学生良好精神风貌；④遵守公共秩序和纪律，爱护公共财物。

(四)操行常规管理

学生操行常规管理也被称为定位管理。其内容往往依照学生自身活动的性质以及方式，可具体分为学习常规管理、生活常规管理、集体活动常规管理和学生交往常规管理等4个方面。如果再进一步细分，则又可划分为课堂常规管理、考勤常规管理、自习常规管理、图书阅览常规管理、早操和课间操常规管理、餐厅和舍务常规管理、集会常规管理、课外活动常规、实习实验常规管理、师生及同学交往常规管理等。中等职业教育的操行常规管理，须重点抓好以下几方面工作。

1. 课堂常规管理

课堂是学生进行学习的集中与固定场所，因此须保证整个课堂的井然有序、教室环境的整洁、学习氛围的浓厚。除此之外，也要让学生充分尊重教师的劳动，从而积极配合教师完成教学任务。

2. 早操和课间操常规管理

早操和课间操可谓是增强学生组织纪律性、培养学生树立集体观念的一个有效时机，同时也是组织学生进行身体锻炼、增强学生体质的有效途径之一。因此，管理工作者必须加强早操、课间操的检查、考核、评比工作，以保证学生能够按时出勤。

3. 课外活动常规管理

以提高学生思想素质、激发学生兴趣爱好、形成学生特长为主要目的的课外活动，不但可以起到对课堂教学的发展与延伸的作用，同时还可以对学生起到丰富其精神生活、陶冶高尚情操、促进个性发展、适应社会的作用。由此可见，课外活动管理是一项十分重要的学生管理内容。管理者要高度重视并加强课外活动的相关指导，科学合理地制定出相应的管理方法，同时成立课外活动的各种组织团体，以促进开展丰富多彩的课外活动，使健康向上的活动占领课外活动的阵地，让学生在紧张的学习中得以舒缓压力。

4. 实习实验常规管理

中等职业教育学校往往有大量的实习实验教学内容。而校内外实习必须要配备相关的学生管理工作人员，以明确考勤、作息、爱护公物和保护环境等纪律要求。在实习实验操作过程中,管理工作人员必须让学生服从教师的专业指导,遵守实习现场或实验室各项基本规章制度。

(五)就业管理

中等职业教育院校的学生就业管理,也是一项十分重要的学生管理内容。由于本章第二节还要详细阐述关于就业管理方面的内容,故在此不过多赘述。

(六)宿舍管理

宿舍管理,是中等职业教育学校学生管理的又一项重要内容,同时也是生活管理中最为关键的一个环节,并且还是难度较大的管理工作之一。学生宿舍管理主要包括以下几方面。

(1)科学合理地制定并严格执行卫生、作息、治安安全以及文明礼貌等宿舍管理的各项规章制度。

(2)成立由管理人员和学生骨干所组成的宿舍管理委员会,在学生宿舍开展检查工作,以确保学生在宿舍正常就寝,并制止一切违法行为和排除安全隐患,开展规范化宿舍达标和文明宿舍创建活动。

(3)不断改善住宿条件,配备必要的生活设施,加强日常维修,保证宿舍设施完好。

(4)定期或不定期地组织生活服务、治安保卫、卫生防疫及宿舍文明建设的专题会或者现场会,以查找所存在的一些问题,进而分析原因、制定相应措施、综合治理。与此同时,也要表彰先进、树立典型,将宿舍文明建设纳入学校精神文明建设的总体规划当中。

第二节 中等职业教育学生日常行为管理

中等职业教育日常行为管理是保证中等职业教育学校内部各项工作正常运转的规定。因此,对学生加强日常行为管理,可以培养学生良好的行为习惯,使学生投入到正常的学校学习生活之中。

一、学生学籍管理

学籍管理是中等职业教育学校日常行为管理的内容之一,同时也是中等职业教育学校集政策性、原则性合一的工作。

（一）注册制度的管理

学生注册是中等职业教育院学学籍管理最为基本的手段之一。各中等职业教育学校必须维护注册制度的严肃性，并建立严格的学期注册制度。与此同时，在注册制度的贯彻、实施基础之上，也要结合本校的实际状况，积极主动地探索建立具有中等职业教育特色、适合行业岗位特点要求的、以弹性制为基础的教学管理新制度和教学运行新机制，以更好地满足学生对教育教学的多样化需求，逐步提高中等职业教育人才培养的质量。

（二）学习形式与修业年限

各学校普遍实施全日制学历教育，主要招收初中毕业生或具有同等学力者，学制以 3 年为主；招收普通高中毕业生或同等学力者，基本学制以 1 年为主。其中，采用弹性学习形式的学生的修业年限，初中毕业起点或具有同等学力人员，学习时间原则上需要 3～6 年；而高中毕业起点或具有同等学力人员，学习时间原则上需要 1～3 年。

学校对实行学分制的学生，允许其在基本学制的基础上提前或推迟毕业。同时，提前毕业一般不超过 1 年，推迟毕业则一般不超过 3 年。

（三）工学交替与顶岗实习

（1）学校应依照法律法规和国家教育行政部门文件规定组织学生顶岗实习。实施工学交替的学校应制定具体的实施方案，并报教育主管部门备案。

（2）学生顶岗实习和工学交替阶段结束之后，应由企业和学校共同完成学生实习鉴定。学校应将学生实习单位、岗位、鉴定结果等情况记入学籍档案。

（3）采用弹性学习形式的学生有与所学专业相关工作经历的，学校可视具体情况而减少顶岗实习时间或免除顶岗实习。

（四）奖励与处分

1. 奖励

（1）在德、智、体、美等方面表现突出的学生，学校应予以其一定的奖励。

（2）学生奖励分为国家、省、市、县、校等层次，奖项包括单项奖和综合奖，具体办法由各级教育行政部门和学校自行制定。

（3）对学生的奖励应予以公示。

2. 处分

(1) 对有不良行为的学生,学校可视其具体情节和态度分别给予警告、严重警告、记过、留校察看、开除学籍等不同程度的处分。

(2) 学校如果做出开除学籍的决定,那么应申报教育主管部门进行核准。

(3) 受警告、严重警告、记过、留校察看处分的学生,经过一段时间的教育,能深刻认识错误、确有改正进步的,应撤销其处分。

(4) 学生受到校级及以上奖励或处分,学校应通知学生及其监护人。学生对学校做出的处分决定有异议的,可按照有关规定提出申诉。另外,学生对学校做出的申诉复查决定不服的,可在收到复查决定之日起 15 个工作日内,向教育主管部门进一步提出书面申诉。同时,教育主管部门应在收到申诉申请之日起 30 个工作日内做出处理并答复。

(5) 各学校应依法建立学生申诉的程序与机构,受理并处理学生对处分不服提出的申诉。

除上述以外,对学生的奖励、记过及以上处分有关资料,应当及时存入学生学籍档案。而对学生的处分撤销后,学校应将原处分决定和有关资料从学生个人学籍档案中撤出。

(五)毕业与结业

(1) 学生达到以下要求的,准予其毕业:思想品德评价合格;修满教学计划所规定的全部课程且成绩合格,或者修满所规定的学分;顶岗实习或工学交替实习鉴定合格。

(2) 学生如果提前修满教学计划规定的全部课程且达到毕业条件,那么经本人申请、学校同意,可在学制所规定年限内提前毕业。

(3) 毕业证书由国家教育行政部门统一格式并监制,省级教育行政部门统一印制,由学校负责颁发。采用弹性学习形式的学生的毕业证书应注明其学习形式和修业时间。

如果毕业证书遗失,可由省级教育行政部门或其委托的机构出具学历证明书,补办学历证明书所需证明材料由省级教育行政部门规定。学历证明书与毕业证书具有同等效力。

(4) 对在规定的学习年限内,考核成绩(含实习)依然有不及格且未达到留级规定的,或思想品德评价不合格的,以及实行学分制的学校未修满规定学分的学生,须发结业证书。

(5) 对未完成教学计划规定的课程而中途退学的学生,学校应发给其写实性学习证明。[①]

二、学生考试考核管理

（1）学生应当依照各学校所规定而参加教学活动。其中，采用弹性学习形式的学生，其公共基础课程教学应达到国家教育行政部门所发布的教学大纲的基本要求，专业技能课程教学应达到相应专业全日制的教学要求。

（2）学校应当依照国家或行业有关标准和要求组织考试、考查。其中，采用弹性学习形式的学生的专业能力评价可视其工作经历、获得职业资格证书情况，折算相应学分或免于相关专业技能课程考试、考查。

（3）学业成绩优秀的学生，经本人申请，由学校审批合格后，可参加高一年级的课程考核，合格者可获得相应的成绩或学分。

（4）学生所学课程考试、考查不合格情况下，学校应提供其补考机会，而补考次数和时间由学校而定。学生缓考、留级由学校规定。学校应及时将留级学生情况报教育主管部门备案。

（5）考试、考查和学生思想品德评价结果，各中等职业教育学校都应及时记入学生学籍档案。

三、学生安全教育管理

首先，中等职业教育学校要将安全教育及其管理工作纳入领导任期的责任目标之中，并建立健全学生安全教育及其管理规章制度，明确相关人员的职责，努力做好相关的安全教育和管理工作，确保学生人身和财产安全。

其次，学生需要严格遵守国家法律、法规和学校的各项制度，自觉抵制封建迷信、淫秽书刊等非法出版物，不酗酒、不打架，不参与赌博，杜绝携带、私藏管制刀具和其他危险品，抵制毒品，自觉维护消防及其他安全设施，注意防火、防盗、防止其他各种事故的发生。

最后，学生在教学活动或其他活动中，应遵守纪律和相关规定，听从相关管理工作人员的指导，服从管理。一般来说，中等职业教育学生需要注意以下几方面内容。

其一，自觉遵守文娱体育场馆、教室、自习室、图书馆等公共场所的相关规定，避免人身伤亡和财物损失事故的发生。

其二，自觉遵守学校各项规定，未请假或者请假未经批准，不得擅自离

---

① 选自《中等职业学校学生学籍管理办法》。

校,禁止在校学习期间擅自外出。

其三,自觉遵守计算机网络相关管理规定,不得登录非法网站浏览,不得传播有害信息。

其四,在社会实践、专业学习、假期、军训中,须严格遵守相关安全的规章制度,注意人身、财物和交通安全。

第三节　中等职业教育招生与就业工作管理

一、招生工作管理

在中等职业教育招生工作管理过程中,应做好组织领导和政策实施工作,以完善招生的程序,为今后中等职业教育人才的培养做好准备。

(一)招生工作的组织领导

1. 成立专门的招生工作机构

通常中等职业教育学校都设有单独的招生工作办公室。作为中等职业教育学校的重要组织机构之一,其职能主要包括以下方面。

(1) 负责招生计划的拟订、申报、审批。

(2) 组织开展社会调查,为本校专业的设置、招生计划的拟订等,提供实用、可靠的信息。

(3) 组织开展招生宣传工作。

(4) 负责新生录取工作。

2. 加强招生工作的领导

中等职业教育学校招生工作是在主管校长的直接领导之下,以招生工作办公室为核心,由各个教学系、纪委共同来完成的,需要注重强化以下两方面的基本职能。

(1) 强化决策职能

中等职业教育学校每年应在主管校长的直接领导之下,由招生工作办公室进行协调,以社会调研的实际情况、毕业生跟踪调查的状况,分析出社会的实际人才需求趋势,从而拟订学校本年度的招生计划名额分配,进而制订出科学合理的招生计划,最终为培养社会所需的人才奠定基础。

(2)强化执行职能

各中等职业教育学校招生工作办公室在主管校长的直接领导下,需要把相关的招生计划落到实处,并做好招生的宣传工作和新生录取、审批工作。而为了确保整个招生录取工作的公平、公正、公开,学校纪委需要及时参与并监督招生录取的全过程。

3. 做好网上录取工作

网上录取,无论是给学生还是给学校,都带来了诸多方便之处。不过,网上录取也对各中等职业教育学校提出了更高的要求。中等职业教育学校需要加强网上录取的组织管理工作,及时完成网上录取工作。网上录取的组织管理,一般分为以下 3 个小组,负责各不相同的录取工作。

(1)远程录取领导小组

远程录取领导小组通常由主管的校级领导、纪委处书记、学生处处长等人员组成。其基本任务就是对招生录取进行监督,对招生计划进行调整、决策。

(2)远程录取技术小组

远程录取技术小组通常由计算机专业技术人员组成。其基本任务就是保障计算机网络畅通。

(3)远程录取工作小组

远程录取工作小组通常由招生工作办公室人员组成。其基本任务就是完成远程录取的具体操作。

(二)招生工作的程序和规则

1. 招生工作的程序

(1)拟订、论证、制订每年各个专业招生计划,并同时上报给省教育厅和省计委审查。

(2)以各省批准的招生计划进行招生宣传工作。各中等职业教育学校需要印制招生宣传资料,由招生工作办公室人员到相关地区进行宣传。

(3)各中等职业教育学校进行招生录取的准备工作,即录取通知书和入学须知等相关材料的印制。

(4)依照各省教育厅和省计委审批的招生计划,以及各省招考委划定的录取分数线,进行远程网上录取。

2. 招生工作的规则

（1）加强招生宣传

中等职业教育学校应加大本校的宣传力度，用职业教育发展的良好态势、学校培养人才的供需状况等来赢得社会舆论对学校办学能力的普遍认可。

（2）注重社会调研

中等职业教育学校在制订每年的招生计划前，需要依照社会的实际需求来确定招生的具体人数。其中，最佳方案应当是与用人单位签订人才需求合同，即实施订单式培养。

（3）"宽进严出"

中等职业教育学校培养的是生产、建设、管理、服务第一线的中级技术应用型人才，所以理论和实践两方面都要兼顾。与此同时，中等职业教育学校也要加强学生的实践技能的培养。因此，其在招生过程中对入口数量或质量上可以适当放宽，即录取一些基础较差的学生；而学生入校之后，在专业技能培养上则必须严格把关，不合格的学生坚决不授予其毕业证书，以保证人才培养的质量，最终以质量求生存、求发展。

二、就业工作管理

（一）就业工作内容

（1）加强和改进中等职业教育学生思想政治教育，及时解决好学生的就业问题，创造性地达到中等职业教育学生思想政治教育的基本要求，实现中等职业教育与毕业生就业指导工作的全程化、全员化、信息化、专业化。与此同时，从办好学生、家长满意的中等职业教育角度出发，将中等职业教育毕业生就业工作放在党政工作的重要议事日程。

（2）注重树立和落实科学发展观，深化以就业为导向的人才培养模式。与此同时，不断深化课程设置、教学内容、教学方法的改革，逐步提高教学质量，让人才培养目标符合社会实际需求。

（3）改善就业管理工作条件，配备足够的就业专职工作人员，建立健全专兼职相结合的高素质就业工作管理队伍，将就业管理工作人员的业务培训纳入到整个学校的培训计划之中，及时抓好就业工作场所的建设。另外，也要及时完善就业信息服务体系，加强对中等职业教育学生进行就业指导、创业指导，并做好毕业生思想教育相关工作。

（4）不断开发就业市场，巩固老市场、开辟新市场，举办好各种类型的招聘会,及时向学生做好就业信息、招聘信息的发布。

(5)做好毕业生就业调查、跟踪调查以及信息反馈,注重毕业生就业工作的理论研究,加强毕业生就业工作创新,逐步提高毕业生就业服务质量。

(二)就业工作职责

中等职业教育学校要履行好就业工作职责,就业工作委员会就必须及时传达国家、省市的相关毕业生就业政策方针,定期或不定期地调研毕业生就业工作的相关提议、意见等。一般来说,中等职业教育学校就业工作管理职责主要包括以下内容。

(1)采取各种方法,及时处理好毕业生就业推荐工作。

(2)加强对毕业生的教育管理;组织毕业生参加学校定期或不定期所举办的就业、创业讲座和卫星专网讲座等,以确保他们正常离校。

(3)大力开展就业市场形势调研,为深化教育教学改革、人才培养模式改革和工作决策等提供服务、建议、依据等。

(4)实施具体的就业规定和就业工作的年度计划,并实施就业与招生、培养、投入适度挂钩制度。此外,每年要定期公布本校的就业率,以进一步接受企事业用人单位、社会、学生及其家长的评议和监督。

(三)就业工作监督

这是对中等职业教育学校毕业生就业工作实施职能部门监督、纪检部门效能监察、组织部门干部监督和新闻舆论监督的就业工作监督保障体系。其一般包括如下具体工作内容。

(1)负责实施毕业生就业工作运行监控,定期对负责对毕业生就业工作目标进行考核和评估,并将毕业生就业率及时向上级部门通报。

(2)将毕业生就业工作实施状况作为重要检查内容,列入督查计划,以备督查。

(3)对毕业生就业工作实施舆论监督,同时总结、归纳、宣传毕业生就业工作的实施成功经验和典型案例。

(4)做好毕业就业工作考核。中等职业教育学校要扎实有效地做好毕业生就业工作,以推进毕业生就业工作的制度化、规范化,最终进一步提高毕业生整体就业工作水平,促进毕业生及时就业,提高毕业生的就业率和就业质量。这就需要成立专门的毕业生就业考核组织,同时制定出考核内容,采取听取汇报、查阅资料、召开座谈会、用人单位调研等方式进行相关考核。考核一般需要每年度进行一次,将就业率目标以及责任书的完成情况等,作为考核的重要指标之一。

第七章 中等职业教育学校科研建设管理

中等职业教育是面向就业的教育,其整体的学术性不强。但是,随着近年来科学技术在人们生活中所起的作用越来越大,以及我国科教兴国战略的逐步实施,中等职业教育学校也越来越看重科研兴教、科研兴校。事实上,中等职业教育学校也应当在培养一大批应用型专门人才的同时担负起一定的科研任务,从而有力地推动中等职业教育事业的不断发展,以及科学技术的应用与普及。

第一节 中等职业教育学校科研建设管理概况

当前,由于中等职业学校越来越重视科研建设,因此,科研建设管理便成为了中等职业教育管理体系中的一个重要组成部分。管理好中等职业教育学校的科研活动,不仅有利于指导教学实践,促进教学质量的提高,从而培养高质量的技术专门人才,而且也有利于推动社会经济的发展。本节着重探讨中等职业教育学校科研建设管理的概况。

一、中等职业教育学校科研管理的地位及作用

(一)学校管理的重要组成部分

在中等职业教育学校的管理体系中,科研管理也是一个重要的组成部分。要想全面地管理好学校,就不能忽视学校的科研管理。

在中等职业教育学校学制、专业、课程、教学、人才培养模式方面的设置和实践过程中,行政和教学管理等的作用固然十分重要,但涉及适应经济的发展方面,就需要进行科学研究来解决。如果没有一定的科学研究和探索,就难以形成自身的办学特色,就难以使培养出来的人符合社会的需求,这不

利于中等教育健康而又快速的发展。因此,中等职业教育学校为了有效保障选题、研究等各个方面和环节的顺利进行,实现科研资源的优化组合,健全整个学校的管理体系,就必须重视和加强科研方面的管理。

(二)科研系统的重要组成部分

在我国的科研事业中,高等学校因其拥有较强的科研能力,成为科研系统的一支重要力量,为我国科技发展作出了重要贡献。其实,中等职业教育学校在为社会培养大批技术应用型人才的同时,其应用型科学研究方面也取得了一定的成就。因此,中等职业教育学校的科研管理也是科研系统中的一个重要组成部分。

(三)有利于提高教学和人才培养质量

中等职业教育学校的培养目标就是造就一大批具有丰富的理论知识和实际操作能力的高素质技术人才。要想达到这一目标,学校就必须努力提高教学和人才培养质量。管理好中等职业教育的科研管理活动,则在很大程度上能够提高教学和人才培养质量。

首先,中等职业教育学校的科研活动,能够摆脱传统知识、教育思想和教学体系的框架,转变教学观念、深化教学改革,摆脱普通中学的教学模式,形成独具特色的办学优势,赢得社会的赞同,增强自身的核心竞争力。

其次,中等职业教育学校的科研人员深入开展科学研究,摸清最新科学动态,捕捉最新信息,掌握最新科研成果,将其应用于教学,能够使教学的内容得到不断更新,能够促进教育传播和人类知识文化遗产的继承,能够培养学生的多种能力。

最后,中等职业教育学校科学研究的应用,有利于增强学生的独立意识和工作能力。通过有效的教学,学生的智力和情感可以得到升华。但要想培养学生的崇高精神、科学的思维方法、实际工作本领等,还应当获得科学研究和训练的指导和帮助。

(四)有利于促进中等职业教育学校自身的发展

中等职业教育学校的科研任务虽然没有高等学校的科研任务重大,但这并不代表中等职业教育学校的科研不重要。教学与科研是相辅相成,互相紧密联系的。教学是基础,但教学离不开科研,科研能促进教学的提高。教学质量提高了,整个学校的办学水平也会相应地提高。可见,科研有利于促进学校的自身发展。

另外,开展科学研究,还能够改变那种将教育看成"消费"的传统观念,提高办学的经济效益。教育也是一种"生产"。对于中等职业教育学校来说,评价学校科研管理工作的重要指标主要有吸收社会资金能力、资金周转情况、投资效益如何、资金使用合理程度、科研的生产和经济效益等。可见,加强科研力度,协调研与教之间的关系,还可以实现科研的生产价值,从而促进学校的良性发展。

二、中等职业教育学校的科研任务

现代的中等职业教育学校主要肩负着两项重要的任务:一是造就高级专门人才;二是推动科学技术的发展。因此,中等职业教育学校不仅要完成基本的教学任务,还要进行一定的科学研究,这是新时代对中等职业教育学校的基本要求。对我国的中等职业教育学校来说,开展科研活动,要以社会主义现代化建设为基本立足点,结合国家的发展要求和自身的实际发展状况,制定出系统的、有逻辑顺序的科研任务。具体的科研任务可表述为以下几点。

（1）注重基础研究,注重科技的应用研究,以促进国民经济的发展。

（2）积极研究中等职业教育的办学模式、资格认定,专业、课程设置,人才的培养、评价评估发展战略等,并将研究的理论成果用于指导中等职业教育的发展。

（3）开发新技术,且积极改造企业传统技术,促进新兴产业的发展,研究出符合消费市场要求的新产品和新服务。

（4）与大型骨干企业建立密切的关系,为研究项目的引进提供理论支持,并做好消化、吸收与创新等后续工作。

三、中等职业教育学校科研管理的原则

要想搞好中等职业教育学校的科研工作,完成科研任务,促进科研成果的产出,进行科学的科研管理是一项关键的内容。而要加强科学的科研管理,就应当遵循一定的科研管理原则。归纳而言,中等职业教育学校科研管理主要有以下一些原则。

（一）方向性原则

所谓方向性原则,就是指中等职业教育学校在进行科研管理时一定要遵循正确的科研方向。也就是说,要始终服务于国家的经济建设和学校的

教育教学。

国家人才培养的总目标,是中等职业教育学校科学研究工作的根本出发点和归宿。学校科研管理应当全面贯彻"经济建设必须依靠科学技术,科学技术工作必须面向经济建设[①]"的战略方针,树立以经济建设为中心的观念,并服务于社会主义经济建设。

同时,中等职业教育学校在进行科学研究工作时,要立足于促进教育的发展,贯彻为教育服务的思想;加强教育教学的科学研究,探索教学规律,提高教学效率和管理能力,推动中等职业教育改革的发展。

(二)客观性原则

客观性原则就是指中等职业教育学校在进行科研管理时要根据科学技术发展的实际情况进行,要遵循科学技术的发展规律。一般而言,学校应当把握好以下几个方面的实际与规律。

第一,长期以来,我国一直存在在单纯采用行政手段来实施科学技术管理工作的状况,上级对科研的管理过多、过严、过死等。因此,中等职业教育学校一定要认识到这一实际,然后改革管理手段,实现权力下放,真正促进科学技术的健康发展。

第二,除了一些国家重点项目必须实行计划管理以外,其他学术机构等的管理,可以运用经济杠杆的作用和遵循市场规律,增强自我发展能力,为自身的发展提供新的力量源泉。

第三,教育与研究容易脱离于社会生产状况,为了改变这一状况,学校应积极与企业、地区建立起合作伙伴的关系。

第四,中等职业教育的科研经费往往极度缺乏,因此,学校必须积极寻找新的突破口,扩大科研的经费来源,争取国家有关部门的财政支援和企业、社会集团对中等职业教育的科研投资。

综上所述,中等职业教育学校的科研管理要想遵循客观性原则,就必须立足实际,努力改革那些不合实际的管理方法、不合情理的管理制度、不合时宜的管理思想等。

(三)调动科研人员工作积极性原则

一项科研活动的顺利开展,离不开科研人员的创造精神的支撑。而科研人员的创新精神往往又受到各种外部条件的影响。因此,学校管理者应

---

① 曹顺年.贯彻经济建设必须依靠科学技术,科学技术必须面向经济建设的方针[J].黄金,1984(6).

当尊重科研人员的劳动,并努力为其创造良好的工作条件和宽松的工作环境,以调动其进行研究的积极性。

为了鼓励新思想的产生,学校管理者还应鼓励科研人员努力工作,并促使学校拿出一定的款项专门支持这些人员从事新开拓的研究项目。

(四)兼顾计划课题与自选课题原则

计划课题就是我国相关部门根据社会和经济发展所需规划的研究课题,一般是学校理应承担的社会义务。自选课题则是学校以及相关单位中的科研人员在长期研究过程中,根据对科技自身发展的逻辑认识而自由选择的研究课题。

对于中等职业教育学校来说,在完成指令性的计划课题之后,也应当允许自选科研课题。计划课题要适当考虑到科研人员的意愿,尽量照顾到他们的特长与兴趣;自选课题则完全按照科研人员各自的特点和专长来选择。总之,学校应尽可能地让科研人员兼顾这两种课题,从而推动科学技术的发展。

(五)教学与科研相结合原则

对于中等职业教育学校而言,育人是最根本的任务。学校必须将提高自身的教育质量作为工作的重心。这就要求学校的科研活动既能够直接推动社会生产力的发展,还能够提高人才和教学的质量。为此,科研管理必须坚持教学与科研相结合的原则。

教学是科研的基础和前提,而科研是教学的拔高。现代科学技术发展日新月异,技术的产业、产品转化周期不断缩短,只有进行科学研究,人们的知识和能力才能得到及时更新,人们才能看到世界科技的前沿领域。但是,科学研究必须以一定的教学为基础,否则就容易形成空谈。

学校科研管理工作要实行教研结合的原则,一般应注意以下几个方面。

第一,科学研究要坚持树立为教学服务的思想,教学要不断培养出一批科研人才。二者之间要始终相互促进,相得益彰。

第二,综合考虑、统筹安排教师的教学和科研。一方面,教师的工作要围绕教学展开,体现教学为主的原则,增强教师的教学水平。另一方面,专职科研者,分配适当的教学主讲任务,支持教师参加一些科技咨询等实践活动。

第三,培养学生的科研能力。中等职业教育学校的学生,体力、记忆力、思维能力、灵敏性等都处于较高水平,品格、性质和创造力都处在迅速发展中。这是他们进行创造活动的大好时期。因此,培养学生的科研能力,不仅为教学和科研增添新的发展力量,更能锻炼学生的研究能力和创新能力,培养出一批优秀的拔尖的人才,从而促进科研事业的发展。

(六)科研与生产相结合原则

改革开放以前,人们对中等职业教育并没有一个明确的认识。有的人认为中等职业教育学校不应当追求经济效益;有的人认为学校属于纯粹的消费单位,学校只负责知识的传播、研究和创造,集中起来就是搞教学和科研;有的人提出科学研究的成果向商品的转移,如何实现将技术转化为实际生产,与学校无关,这是工厂企业所要解决的。

上述这些观念在改革开放以后逐渐被打破,中等职业教育学校改变了当初鄙薄经营工作的观念,开始走与生产、商品相结合的道路,开始追求经济效益的获得。因此,坚持科研与生产相结合是现代中等职业教育学校科研管理的一项原则。贯彻这一原则,中等职业教育学校的科研就应当与生产挂钩,努力开拓技术市场,促进技术成果向生产的转化。另外,科研人员还可以将一些生产上的技术要求作为研究的课题,通过生产发挥科研的经济效益,促进生产的发展。

(七)经济效益与社会效益相结合原则

在当前阶段下,是否属于高水平的学术研究,一个重要的指标就是科研项目能否带来明显的社会、经济效益。可见,学校要搞科学研究,一定要同时注重其经济效益和社会效益。

在经济效益方面,要考虑研究工作的投资与成本,各种资源的充分利用,提高研究效率,并尽最大可能将技术转化为生产力,实现经济利益。

在社会效益方面,研究要满足社会需要,并具有社会进步性,有一定的学术意义,能促进社会的发展。

总之,要贯彻好经济效益与社会效益相结合的原则,学校管理者就必须克服那种不讲经济效益或忽视社会效益的倾向。

四、中等职业教育学校科研管理的主要内容

(一)科研课题方面

科研课题就是指所要研究的中心问题。一般而言,课题应体现或展示研究目的、范围、对象、意义等。学校在管理课题时,要遵循教育科研规律,

在决策、计划、控制等过程中,要合理把握人、财、物、时、信息等要素,使其作用得到充分发挥。

科研课题具体管理的内容主要包括以下几方面:一是课题组织管理,一般以成立课题组的形式进行,主要为了提高课题研究的效益;二是课题计划或目标管理,主要为了保证课题目标的完成,提高管理的预见性,减少资源浪费;三是课题常规管理,主要包括计划、实行、检查、汇总、评价等。

另外,开题与结题也是客体管理中的重要方面。开题,即课题研究正式开始,程序大体有做好开题准备、召开开题会、修订研究方案、签订有关研究协议等;结题,一般有评审、评议、小结3种形式,主要是指遵照一定的方法,对课题进行鉴定。

总之,管理科研课题要遵循整体全局、统筹兼顾、分工协作、适时调整和科学的组合、以经济办法管理等原则。

(二)学术刊物方面

学术刊物一般是一所学校教学、学术交流、培养各类人才的重要阵地。对中等职业教育学校而言,其学术刊物在某种程度上代表了学校的发展水平。学术刊物能够有效地促进学术交流与繁荣,促进教学和科研的进步,能够培养优秀人才,及时获得大量的科技和学术方面的动态信息。因此,中等职业教育学校要管理好学术刊物。

首先,学术刊物必须要有正确的政治方向和指导思想,面向社会各界,既要服务于教学和科研,又要服务于我国的现代化建设。

其次,学术刊物应以刊载一些教学、科研和教学等方面的创新成果为主;解决一些工农业生产和经济建设中的现实问题;介绍国内外科技学术理论和成果的动态。

最后,学校要结合自身的实际情况,在编辑和出版工作人员的努力下,扬长避短,办出具有自身特色的学术刊物。

(三)学术活动方面

为了推动科学技术的发展,中等职业教育学校会通过开展一些学术活动来进行。学术活动就是指与学术研究、学术交流有关的社会活动。当代科技与学科相互渗透,又需要高度综合,同时科技信息增长迅速。为了促进信息的传递和科学技术的发展,学校理应开展学术交流活动,广泛邀请人员参加,密切社会各界之间的联系,发挥集体合力作用,进而及时掌握国内外科学技术研究工作及其成果的最新动态。一般来说,学术交流活动能够为教师和科研人员提供良好的研究环境,能够使其在相互交流中,互相启发、补充,从而活跃学术气氛。

学术交流活动的类型有很多,具体分类如下所示。

按交流的形式分,有书面式的学术交流活动,也有会议式的学术交流活动,还有交谈式的学术活动。

按交流的范围分,有内部式的学术交流活动、外部及跨单位、跨学科等形式的学术交流活动等。

按学术活动的内容分,有讨论会、(科技成果、专题、学术动态)报告会等。

在当前阶段下,网上学术交流也是一种重要的学术交流形式。它以其独特的优势越来越受到欢迎。

关于学术活动的管理,学校一定要注意以下一些方面:反对学术腐败和抄袭现象;讲究实效,共同提高;以提高教学质量,培养优秀人才为目的;鼓励和支持学术活动的基层单位(科研处、研究所、研究室等),经常开展群众性学术活动;建立健全规章制度,为学术的推广创造条件。

(四)科技情报方面

科技情报工作就是一种把有关科技的最新信息、知识和成果,有偿或无偿地提供给用户使用的科学技术工作。在向客户传递最新信息、知识和成果的时候,要运用科学的方法,有目的、有计划、有组织地进行,注意科技交流和利用的及时、准确。科技情报工作在发展国民经济和促进科技进步的过程中,是一项不可或缺的重要工作。

对于中等职业教育学校而言,开展科技情报工作,能够扩大科研人员的知识范围和研究的角度和视野,促进科研人员知识的补充和更新,以提高自身的专业水平和研究能力。因此,学校要努力加强对科技情报工作的管理,具体应注意以下几个方面。

(1)建立健全科研情报机构体系,明确工作方向和目标。

(2)建立健全有关的规章制度,方便和服务于用户和读者,提高情报资料的利用率。

(3)全面、完整、周密地收集(特别是重大项目的)资料,重视文献资料的处理,去粗取精,去伪存真,并对一些资料和信息进行综合分析。

(4)准确、及时、正确地传输情报,做到"广、快、精、准"。

(5)加强科技情报工作队伍建设,注意采用现代化的通讯联络设备及多媒体技术,以促进科技情报资料管理的现代化。

第二节　中等职业教育学校科研过程的建设管理

要想管理好中等职业教育学校的科研活动,关键要把握好科研过程管理。本节所讲的对科研过程的管理,主要包括科研过程管理中的观念,管理的具体运行机制,对科研规划、科研经费、科研课题进行的管理以及科研成果管理等。

一、科研管理观念

科研管理观念是科研管理的指挥官,对科研的成败有很大的影响。中等职业教育学校科研管理应当具备以下一些观念。

(一)效益观念

在科研管理过程中,管理人员应当始终树立市场观念,面向市场需求,把市场管理作为出发点和归宿,将市场需求作为前提。科研工作者在科研的整个过程中,要面向社会、面向市场,努力将科研成果转化为生产力。

(二)信息化观念

信息决定着科研管理的成败。当今,中等职业教育学校科研管理部门的主要任务就是开展多种多样的科研活动、实施和优化软件服务、进行柔性管理,以促进科研事业的发展。在各种科研活动的开展下,各种纵向课题和横向课题大量增加。因此,科研管理部门必须树立信息观念,加强信息管理。

(三)知识产权保护观念

知识产权又被称为"智力成果权",是指在科学、技术、文化艺术等领域从事智力活动而创造的精神财富所享有的权利。在中等职业教育学校的科研管理中,常出现重视科研成果却忽视知识产权保护的现象。为了改变这一现象,学校管理者、科研人员都应当逐渐强化知识产权保护的观念,逐步加强科研活动各个程序的知识产权管理,加快确立新的科研成果管理体系,完善科研成果的评价体系。

二、科研管理的具体运行机制

(一)竞争机制

在科研管理过程中,管理者应当努力提倡团队竞争,建立合作型竞争机制。这是一种新型的竞争机制,特点是既竞争又合作。这种竞争机制能够很好地保证科研人员之间的密切联系与合作,让他们在相互交流的动态过程中产生巨大的合力,从而使科研管理发挥最大效能。

(二)约束机制

无论是纵向课题还是横向课题,又或者是论文质量衡量,都需要一定的规范进行约束,否则科研工作的开展就会受到影响,甚至造成损失。这就是科研管理过程中的约束机制。这种机制能够有效保障中等职业教育科研活动的正确方向和轨道。

(三)激励机制

为了促进科研的健康持续发展,中等职业教育学校的科研管理机制中还应当引入激励机制。要想充分发挥激励机制的作用,真正促进中等职业教育学校科研事业的全面提升,一方面要在目标、政策、经济、情感等各个方面对科研人员及科研活动进行激励;另一方面要把握好激励过程中的"度",协调精神激励与物质激励。

(四)评价机制

在科研管理过程中,纳入评价机制,主要是为了对中等职业教育学校科研工作的意义和效果给予正确的评价。要想让评价机制发挥其真正作用,管理者就应当注意建立科学的科研评价体系,对科研工作业绩给予客观的认证,对科研成果进行公正的评价,以激发科研人员的积极性和创造性。

三、科研规划管理

在科研管理过程中,科研规划管理往往是最为首要的环节。它主要是指在预测基础上,制定规划的过程。规划则包括目标和方案的制定。中等职业教育学校进行科研规划管理,主要是为了使本校的科研项目体现国家的科研方针政策以及科技发展规划,并制定出极具战略性的方案。

(一)科研规划制定的人员

在中等职业教育学校中,科研规划一般由多人共同制定,如领导、科研管理部门的人员、学科带头人、党院办工作人员等。其中,科研管理部门人员总体把握科研方向;学科带头人主要提出科研工作的重点和方向;党院办工作人员则负责了解社会的技术需要情况及科研对社会的影响等。

(二)科研规划制定的原则

无论是哪类学校,科研规划的制定一般都应遵循以下 3 项原则。

第一,目标一致性原则,即充分体现整个国家的科技政策和规划的目标。

第二,基础性原则,即充分考虑学校的工作实际基础,体现特色。

第三,全局性原则,注意科研规划是当前需要与长远需要、重点与一般、教学与科研的关系,注意科研的连续性等。

对于中等职业教育学校而言,科研规划的制定无疑也要贯彻上述这 3个普遍适用的基本原则。

(三)科研规划管理的注意事项

首先,中等职业教育学校的科研既要重视基础研究,又要加强企业行业急需的应用和发展研究,科学技术工作要充分体现服务于经济建设这一思想,处理好不同类型的研究课题之间的关系。

其次,在制定科研规划时,制定者必须经过广泛调查研究,深思熟虑之后进行规划,使科研规划具有一定的稳定性。

四、科研经费管理

在我国,大部分学校的科研经费都是由政府拨款提供的,这种科研体制极大地限制了我国科学事业的发展。尤其对中等职业教育学校来说,由于科研经费极为缺乏,有相当一部分学校甚至不搞科研活动。近年来,随着国家、地方教育行政主管部门对教育科研事业的重视,并加大科研经费的投入,很多中等职业教育学校也有了一定的科研经费。面对有限的科研经费,中等职业教育学校自身要进行较为完善的管理。

(一)科研经费管理原则

在中等职业教育学校,科研经费相对有限。因此,在科研经费的管理中,应注意将科研经费主要用于具有较强实践性和创新性的科研课题研究。总体来说,科研经费的管理还应坚持以下原则。

1. 择优支持原则

科研经费的分配不可能,也没有必要做到完全平均。学校可以择优支持为原则进行经费分配,具体可建立竞争机制,让科研人员增强自身学术研究能力。

2. 集中高效原则

学校应积极支持具有一定潜力、优势和发展前途的特色学科、优势学科以及优秀科研人员,即将经费主要投入到重大的科研课题中。这样能够使科研经费得到集中高效的利用,也有助于发展学校的科研优势和特色。

(二)科研经费管理制度

为了加强和保障科研经费的有效管理,学校应建立一整套具有科学性和可操作性的科研经费管理办法和制度。以下是一些有关科研经费管理制度内容的合理建议。

(1)建立审批制度,明确科研经费的审批权限,减少科研人员随意报账。

(2)建立科学合理的预算管理制度,制定合理的、可操作的预算程序,编制具体的办法和说明,提高预算的可执行度。

(3)不同类型的课题设经费专项管理,利用会计电算化等手段管理和分析科研项目的资金,推广 IC 卡管理和建立院校内部查询系统。

(4)在结题时,经费使用情况必须经财务部门的审核,得到确认后才能出具报告。

(5)明确统一学校科研收入的财务管理,防止国有资产流失。

(6)加强对无形资产的管理,建立科研创业基金。

(7)财务部门应严格监督科研经费的使用。

(三)科研经费投入管理

加大中等职业教育学校的科研经费投入,有利于提高国家科学技术水平和科研创新能力,有利于企业的技术和产品引进,提高企业的竞争力。在当前阶段,各级教育行政主管部门等都开始加大了对学校科研的投资。作为中等职业教育学校,科研工作经费管理需要主动拓宽投入渠道。一般主要有以下几方面的经费投入渠道。

（1）以国家投入为主，以基金会的方式进行的基础研究，通过公开、公正、公平的竞争，确定各自的研究经费。

（2）通过国家设立的引导基金，吸引企业对相关的技术研究及开发进行投入，国家与企业共同监督和评价，最终目标是为获得专利授权或具有实际操作性的技术。

（四）科研经费核算管理

为了有效提高科研经费的使用率，学校应当进行科研经费核算管理。在科研经费核算管理中，关键是要对课题经费进行经济核算。这需要统一科研经费会计核算科目，进行科研经费的日常报销核算以及管理科研经费的有形资产与设备、材料购买。

在经费支出的实际操作、核算过程中，学校应严格执行预算限额制度，对符合规定的且在预算限额内的票据予以正常报销，超出预算限额的支出，就不予以报账。[①]　总之，为了加强对科研经费的管理，学校应努力改进科研经费核算和财务管理，加快资金周转，建立和完善课题核算制度等。

五、科研课题管理

科研课题的管理是整个科研管理的中心环节。[②]　在科研规划管理中，一项重要的内容就是科研课题的规划。不过这种规划只是一种大致的方向，科研人员必须将其具体化。课题是整个科研的最基本单元。其目标集中、明确，内容具体，具有针对性。因此，科研课题的管理具体应包括以下几方面的内容。

（一）动员

在科研人员申请科研课题以前，学校要做好申报动员工作，主要任务就是讲明申报课题的意义，帮助申报者理解"申报指南"，发动广大教师及科研人员积极进行申报。

在动员时，一方面要注意使选题与计划资助的选题范围相符合；另一方面要强调研究方向与本学科发展的最大结合，要让教师或科研人员选择有一定实践意义和价值的课题。

① 程玉霞. 中等职业学校科研经费管理的问题与对策[J]. 华章，2013(17).
② 选自《广西建设职业技术学研科研管理暂行办法》。

（二）选题

选题是科研工作的起点。选题的恰当与否，直接影响着人、财、物的利用状况和竞争力的强弱。因此，选题时一定要综合考虑研究的目的和可能遇到的问题。

1. 选题原则

（1）目的性原则

所选课题要结合社会需要，达到推动科技发展的目的，要符合国家和科技发展的需要，保证选题目的明确。

（2）可行性原则

所选课题要满足一定的主客观条件。主观条件主要指科研人员要具备一定的学术研究水平、经验和能力等。客观条件主要指课题研究应当拥有一定的研究文献资料，拥有一定的实验设备和技术手段等，还要有一定的经费、时间等。

（3）创新性原则

所选择的课题应当是前人未曾解决或未完全解决，有一定创见，富有新意和时代感的课题。

2. 选题程序

（1）立题，即确定研究方向，避免盲目。

（2）初步估计技术经济价值。

（3）课题检索，了解国内外有关课题研究的状况和趋势。

（4）调研，即对选题研究方向的价值和意义进行调查和预测，以优先解决科学技术难题，充分发挥中等职业教育的优势和特色。

（5）查阅相关文献，寻找科学研究的理论依据，论证其可行性。

（6）确定科研课题。

（三）立项

在选题工作结束后，各研究部门及科研人员还应将所申请的科研课题进行立项，填写课题申请书。

申报课题得到科研管理部门的认可和通过之后，交给学术委员会评议，先由分管领导评议，得到批准后才能上报主管部门。一般，申报课题获得立项的批准后，还不算正式的立项，还需要及时填写课题任务书才算完成。

（四）后续管理

1. 签订课题合同

在课题立项之后，为了保证工作质量，科研管理部门与课题主持人还要签订课题合同，确定详细的研究进度和要求，实现目标管理。

课题合同的条款一般遵循以下两个原则：一是系统原则，既要有总体目标，又要有分解目标，以控制课题目标的过程和环节；二是可实现原则，细化合同的条款，在理论描述的基础上，争取将创新点设计出具有较强操作性的技术路线实施方案等。

2. 监督与检查科研课题

有学者指出，"课题管理是软科学，只有借助各种严密的规章制度才能把工作落到实处[①]"。因此，为了达到预期目标，科研管理部门还应制定相应的课题查促制度，以合同书为依据，严格对每个课题实行计划性的跟踪服务管理和阶段质量评价。

在首期科研经费发放以后，科研管理部门应督促课题组负责人正式开始研究，让其制订阶段性研究计划。在进行中期检查时，科研管理部门应对研究方案、研究进展等方面的变动，阶段性成果和经费开支等问题进行检查，并对计划之外的某些意外问题，进行及时的解决。当然，相关机构要协助科研工作，以保证课题的顺利进行。

3. 协调重点重大课题

有些重点重大课题一般所涉及的单位或学科众多，这就使彼此之间的配合比较困难。科研管理部门必须及时协调这些重点重大课题，以促成项目的顺利完成。

4. 终止课题

这里所说的终止课题有正常终止课题和非正常终止课题之分。正常终止课题是衡量科研管理工作质量和科研效益的重要标志。它是指课题研究完成后经过鉴定或评审得到了主管部门的批准，课程随即终止。非正常终止课题主要是指由于发生了无法弥补和挽回的困难，或国内外已率先获得研究成果而使自身的研究失去意义，被迫终止的课题。

---

① 侯卫国．高校科研课题管理新模式[J]．福建行政学院福建经济管理干部学院学报，2002(3).

六、科研成果管理

所谓科研成果,即某一学科技术研究课题所取得的、具有一定创新性的、学术或实用价值成果。[①] 在中等职业教育学校中,科研成果,对教师来说是晋升职称,评选学科带头人、名师、专业技术拔尖人才、职业教育专家的必备条件;对学校来说是学校实力标志和宣传学校的金字招牌。[②] 因此,学校的科研管理工作一定要十分重视对科研成果的评价和应用。对科研成果的管理应重点关注以下几个方面。

(一)科研成果的评价

对科研成果的评价,一般按照科研成果的类型来进行。科研成果的类型主要有 3 种,即基础研究成果、应用研究成果和发展性研究成果。

1. 对基础研究成果的评价

基础研究成果主要指研究在科学上、学术上的新发现和创造方面的成果或有关自然规律和现象的新知识的成果。对这种研究成果的评价一般采用延时评价法,用成果的真理性标准或效益性标准进行检验和评价,避免因过早评价而出现误差。

2. 对应用研究成果的评价

应用研究成果主要指研究在应用方面的创造性。对这种研究成果的评价主要是看研究成果是否能创造出具有应用价值的新理论、新途径及对社会的影响程度等。这种评价通常采取同类相比和同行评议的方式。

3. 对发展性研究成果的评价

发展性研究主要指研究中贯穿着当代发展变化的研究。对发展性研究成果的评价,主要是看研究成果是否能够有效解决生产应用中不得不攻克的工程技术问题。这种评价需要考虑研究成果的创造性、可操作性和适用性等方面的情况。

(二)科研成果的推广和应用

科研成果的推广和应用也是成果管理的一项重要内容。在推广和应用

---

① 选自《广西建设职业技术学院科研管理暂行办法》。
② 程玉霞. 中等职业学校科研经费管理的问题与对策[J]. 华章,2013(17).

中,可具体采取以下一些措施。

（1）通过各种传播媒介或活动公报学校的科研成果,进行直接的宣传推广。

（2）完善科研中介机构,保证成果信息的有效传递,有的放矢,形成一个成果广泛交流与宣传的社会网络。科研中介机构要实地了解、解决企业需求与问题,使企业和科研人员建立一定的合作关系,各取所需,实现双赢。

（3）建立健全科研成果有偿转让制度,在科研成果转让时,可以通过合同的方式明确双方的权利和义务,在有效期限内完成推广任务。

（三）科研成果的申报与专利问题

国家通过明确产权拥有权,使教师有一定的经济回报,不仅体现了研究者的研究成就和收获,还具有一定的示范作用,激励其他科研人员积极投身于科研转化工作中。

一项科技成果经过评价后,还要进行复查,复查结束后方可填写发明申报书,对专利进行审批,发明若符合专利条件,专利局则批准专利,同时授予专利证书。个人或单位取得专利后,在专利法规定的期限内,拥有对此发明的专利权。

（四）科研成果的奖励

对科研成果的奖励,既有精神上的（颁发证书）也有物质上的（发放奖金）。这种奖励能够在很大程度上鼓励广大教师投身于科研工作。对科研成果的奖励一般可分为 4 个等级。

第一等级是国家级奖励,是最高的等级,由国务院批准,主要有发明奖、科学技术进步奖以及自然科学奖 3 种,针对科研单位另有综合奖或成果奖。

第二等级是省部级奖励,由国务院各级主管业务部、各省直辖市省部级设立。

第三等级是厅局级奖励,由地方政府以及各业务部门所设立。

第四等级是校级奖励,由各学校根据自身情况而定。

第三节　中等职业教育学校科研队伍的建设管理

中等职业教育学校科研队伍的建设,主要包含两个方面的内容,即科研管理机构的建设和科研管理队伍的壮大和质量提高。加强这两个方面,不仅能够保证育人和科研两项任务的完成,而且还能够有效促进人才培养水平和科研水平质的飞跃。

一、科研管理机构建设

科研管理机构建设是完成学校科研任务必不可少的组织保证。在过去一段时期内,中等职业教育科研没有专门机构,一些学校设置的研究室,主要是由兼职的或退休的教师为主要成员的一种学术组织,主要活动范围集中在教学的督导方面,不具备管理的职责。

当前阶段,为了提高学校的科研效率和科研水平,学校应努力加强科研管理机构建设。具体而言,学校要以教育研究室为基本单位,集中一大批具有较强科研能力和科研管理水平的教师或人员,进行学术研究或开展各种学术活动,形成浓厚的学术氛围和良好的科研环境。为了加大对教育研究室的重视,学校应扩大对教育研究室的投资,并加强对其的管理和领导,提高中等职业教育学校研究室的科研水平。

二、科研管理队伍建设

科研管理是一项复杂的、繁重的工作。要想做好这份工作,就必须得有一支具有较高素质、具有一定创新意识以及能有效承担科研管理工作职责的科研管理队伍。

(一)科研管理队伍的职责分配

科研管理机构应将科研管理的职责具体分为以下 3 种,然后使各管理人员做到各司其职。

第一种是科研项目管理,即对项目的申报组织工作和对经费的管理工作。

第二种是科技成果专利管理,包括鉴定、验收各级科技成果,管理专利,申报奖励、转让技术,开发新技术,促进产学研的统一等。

第三种是日常管理,包括主持教育研究室日常工作,管理、承办和组织各类学术会,进行学术交流等。

(二)科研管理人员的培养

1. 提高正确解读国家相关政策的能力

中等职业教育学校科研管理工作的开展必须沿着正确的方向。这个方向主要是通过国家相关政策来定位的。因此,科研管理人员必须具有正确解读国家相关政策的能力。

首先,科研管理人员应熟悉中央和地方有关科研方面的管理的法律法规等,并将其与申报人员的具体情况结合起来,为科研人员提供正确的指导,做好保密工作,调动科研人员的主动性和创造性,进而有效组织相关科研管理工作。[①]

其次,科研管理人员应牢固掌握科研管理工作中有关合同、知识产权和专利权等方面的法律知识,从而依法维护学校和科研人员的正当利益和合法权利。

2. 提高专业知识水平

如果科研管理人员缺乏一定的专业理论基础,管理就会不得要领,容易偏离实践。因此,科研管理人员还应不断提高自身的专业知识水平,以加深对科研工作的体验和感悟。做到这一点,科研管理人员应当注意以下一些方面。

第一,注重累积科研管理工作的经验和全面的、系统的科研知识等,使自己具备直接进行学术研究的条件和能力。

第二,不断增加自己的科研工作经历,充分了解整个科研工作的规律和具体程序等。

3. 提高沟通协调能力

作为一位管理人员,沟通协调能力是不可缺少的。在科研管理中,科研管理人员不仅要和不同的科研人员联系,也会不时地与上级和同级相关部门进行联络。因此,科研管理人员一定要注重提高自己的沟通与协调能力,与各个人员和部门建立良好的关系。唯有这样,科研项目才能高效顺利地完成。

在沟通协调的过程中,科研管理人员应该时刻注意遵循目标统一原则、和衷共济原则、打造品牌特色原则、平等互利原则等。

4. 提高获取、处理信息的能力

当今时代是一个信息化的时代。美国著名未来学家托夫勒甚至提出"谁掌握了信息,控制了网络,谁就拥有整个世界"[②],这充分说明了信息对

---

① 林婷.提高高校科研管理人员的管理水平[J].实验技术与管理,2009(5).

② 李学农.走进网络时代与教育"新概念"[J].江苏教育学院学报(社会科学版),1999(1).

于国家发展的重要意义。在中等职业教育学校科研管理中,信息获取能力、信息处理能力对科研管理人员而言非常重要。因此,科研管理人员应当有意识地提高自身这一方面的能力。

5. 培养创新意识

创新意识一般是指人们按照社会和个体生活发展的需求,引起创造新事物或观念的动机,并在创造活动中表现出的意向、愿望和设想。科研管理人员的创新意识不足,则很容易导致科研管理工作的滞后,难以使科研工作取得新的进展。因此,科研管理人员也要不断培养自身的创新意识。

(三)科研管理队伍建设的措施

1. 壮大科研管理队伍

目前,中等职业教育学校的科研管理队伍规模较小,力量也相对薄弱。这就需要学校通过多种途径壮大科研管理队伍。例如,用较为丰厚的条件吸引高素质的管理人才;对现有管理人员进行培训,不断提高他们的业务素质;聘请国内外知名专家开设专题讲座,学习他们先进的科研管理经验。

2. 树立科研管理队伍的竞争意识、责任意识和风险意识

中等职业教育学校在招集科研人才的时候,实行的是聘用制。这就要求科研管理人员必须对当前的形势有一个清晰的认识,牢固树立竞争意识、责任意识以及风险意识。只有树立了这样的意识,科研管理人员才会对照自身的管理水平,不断找出自身的不足,通过科学有效的学习使自己的业务理论水平得以提高。

3. 加强科研管理队伍的创新观念

当今世界,知识更新换代的速度越来越快,加上信息网络化社会的到来,科研管理工作更为复杂。这就要求科研管理队伍必须加强创新观念。具体而言,科研管理人员要根据科研管理内在要求的变化,进一步解放思想,研究当前科研管理工作出现的新内容,用创造性思维指导科研管理工作的各个环节。

第八章 中等职业教育专业设置、课程设置及教学研究

在中等职业教育实践中,专业设置为中等职业教育实现培养目标和实施教学活动提供了基础条件。课程则是中等职业教育专业设置的基础,是实现中等职业教育目标的重要手段,对中等职业教育的质量起着关键性的决定作用。在进行科学合理的专业设置、课程设置的基础上,还必须要做好教育教学方面的工作,以保障中等职业教育目标的实现。

第一节 中等职业教育专业设置

中等职业教育的专业是按照一定的原则建立起来的,其在中等职业教育事业方面具有十分重要的意义。与其他层次的教育如普通高等教育的专业设置相比,前者具有自身的一些特殊性。本节内容主要就中等职业教育专业设置的基本情况进行概述。

一、中等职业教育专业设置基本概况

(一)中等职业教育专业的发展

专业有广义和狭义之分。所谓广义的专业,其包括专业制作、专业户、干部专业化等专门从事的某种学业或职业,范围十分广阔。狭义的专业则是指教育机构根据社会职业分类,为培养专门人才而设立的学业门类。本书讨论的就是狭义的专业。中等职业学校以此为依据,制定本校的培养目标、教学计划、招生计划和毕业生就业等方面的工作。学生则根据本专业的特点和要求进行学习,形成自己在某一专门领域的专长,以适应未来的职业生活。

1. 早期职业教育专业

早期的职业教育没有专业的划分。在我国古代社会中,职业教育的专业内容是不断发展变化的。东汉时期,设立了专门学习文学与艺术的鸿都门学,并与太学并立;南北朝时期,开设了儒学馆、玄学馆、文学馆、史学馆,合称为四学馆;隋唐时期,设置了类似于后来的单科专门学院的律学、书学、算学、医学等,这些与西欧中世纪大学设置的文、法、神、医等学院有一定的相似之处。从整体上来看,我国古代时期处于按专业进行职业教育的萌芽阶段。

2. 现阶段中等职业教育专业的发展

进入近现代社会以后,社会生产力的发展速度大幅加快,社会分工日益细化,推动着社会、经济、文化、科学技术的不断前进,社会对知识的专业性提出了越来越高的要求。在这种时代环境中,现代教育领域出现了专业分类。

在 1949 年以前,我国并没有对高等教育和职业教育进行专门的专业设置。当时进行的系、科之类的划分在专门领域上虽然具有专业的性质。但是这与现代意义上的专业设置有着很大的不同,因为其对社会需求的适应性非常广泛。

直到 1952 年,在中等职业教育中,才广泛进行专业设置。从 20 世纪 50 年代初,我国的中专学校开始模仿苏联模式,并进行了专业设置。技工学校长期不按专业设置,只按车、钳、铆、电、焊等工种进行设置。近些年来,这些工种也都纷纷改称为专业。20 世纪 70 年代末,我国中等职业教育兴起以后,专业设置才普遍实行开来。在当前阶段下,我国的中等职业教育都是按照专业进行教育的,从某种角度上来说,职业教育属于专业教育的范畴。

经过长期的发展,目前我国已经形成了较为系统的中等职业教育专业体系。伴随着经济的不断发展,第三产业特别是第三产业中的服务业和高新技术业,其发展十分迅速,使得社会对人才的需求格局发生了巨大变化。因此,当前高职院校的基本任务是,培养服务业、高新技术产业等热门专业的人才,而一些已经完全不适应经济发展状况的专业应逐渐被淘汰。例如,21 世纪以来,服务业的发展也为服装专业提供了另一片天地,具有服装制作知识的"服装导购"专业和"服装模特"专业应运而生,并取得了显著的发展,得到社会的广泛认可。具体来说,我国中等职业教育的发展体现为以下几个方面:第一,我国中等职业教育专业规模不断扩大;第二,专业结构与产业结构调整方向逐渐趋同；第三，热门专业设置趋向集中；第四，职业教育特色突出；第五，专业更新与调整加快；第六，专业内涵越来越宽。

3. 中等职业教育专业与高等教育专业的区别

众所周知，现代大学里都有着十分详细的专业划分。事实上，高等教育的专业设置与中等职业教育的专业设置有着明显的区别。具体来说，高等教育的专业更具有学术性，其划分的依据主要依据为学科分类、社会发展和工作领域等标准，高等教育趋向于拓宽专业面，并具有综合性。中等职业学校的专业划分则不同，其设置主要是以职业分工与职业岗位群对专门人才的要求为依据，具有较强的职业性，更加强调学生综合职业能力的培养，以及在基础性和就业适应性方面的锻炼。

(二)专业设置的一般步骤

所谓专业设置，其内容包括中等职业学校的专业设立与调整，同时也包括专业的新建、开设或变更、取消等。中等职业学校通过进行专业设置，可以将教育和社会经济发展的要求有效地联系起来。专业设置的好坏，对中等职业学校人才培养的"适销对路"及其毕业生的社会适应性具有至关重要的作用。

科学合理的专业设置，可以更好地迎合经济社会的现实需求，使中等职业学校的人才培养工作能够满足社会的需求，人才供求综合平衡，促进社会经济的发展，并实现中等职业教育的持续发展。具体来说，中等职业教育的专业设置主要包括专业调查、设计培养目标、制订教学计划、确定课程设置这几个步骤。

1. 专业调查

中等职业教育应该为地方经济服务，促进地方社会经济的发展。在当前阶段下，中等职业教育的人才培养方向为技术应用型人才，其人才培养目标要针对地区人才需求。因此，中等职业学校在设置专业时，有必要进行广泛、深入地社会调查。

对于中等职业学校的专业设置来说，专业调查必须做好以下两个方面的调查工作。一方面，要清楚地了解本地区的产业政策、重点产业、支柱产业和具有很强后劲的新兴产业；另一方面，要进一步深入研究与所开专业相应的行业的现有规模、发展趋势以及人才需求等情况，并以此为专业论证和设置提供科学真实的依据。

2. 设计培养目标

所谓专业培养目标,就是指通过专业教育所要达到的预期目的和培养要求。培养目标是专业设置的出发点和归属,为专业培养方案的制定和课程设置的确定提供了基本前提。从本质上来说,专业培养目标是专业属性的具体化,其直接体现了专业的社会功能。

专业培养目标具有一定的针对性,特指专业的具体业务目标,而非德、智、体、美等人才培养的总目标。按照布鲁姆的目标分类法,根据培养目标的区别可以划分不同的专业。这就意味着,由于设置的层次与类型不同,即使专业名称一样,其培养目标也会有一定的差异。因此,中等职业学校在设计专业培养目标时,必须要以学校自身的层次和类型为依据。

3. 制订教学计划

这里所说的教学计划,也就是人才培养方案。教学计划以专业培养目标为依据,对课程设置、教学环节、劳动训练、实践活动等内容,进行顺序的编排、时数的设置。其本质是一种教学指导性文件。

教学计划对学校的教育教学活动作了全面的安排,为学校组织教学工作和各项活动提供依据。中等职业学校的教学计划决定着其教学的活动内容、方向和总的结构,并体现出国家对中等职业学校的统一要求。任何一个专业所对应的具体培养目标和业务范围具有一定的特殊性,因此必须要有独立的教学计划。

专业的教学计划能够体现当地对某一类人才要求的基本规格,也体现了学校的办学特色。因此,中等职业学校要认真制订本校各专业的教学计划,切实做好专业人才培养工作,为当地经济的发展培养合格的建设人才。

4. 确定课程设置

所谓课程设置,就是指对具体专业的所有教学科目、内容及其进程进行系统组合和科学的安排。事实上,专业培养目标和专业教学计划是课程设置的主要依据,课程设置直接服务于专业人才的培养。

中等职业教育强调知识、技能的针对性和有用性,其培养目标是要把学生培养成为社会各行业中第一线的技术应用型人才。因此,中等职业学校在进行课程设置的工作中,要抛弃"学科本位"的做法,转而回归"以能力为本位"的设置思想。

中等职业学校在进行课程设置时,要从职业分析入手,通过分析职业岗位群的职业职责和任务,得出该职业所需的综合能力和专项能力,进而对每一专项能力所需知识、技能和情感因素、工具设备等进行详细的分析,并在此基础上分析其在教学中具体实施的可能性。做好上述一系列工作之后,就可以最终确定文化课、专业基础课、专业课和实践课等课程的设置情况。

(三)专业设置的现实意义

1. 中等职业学校存在和发展的基础

中等职业学校的一项基本工作和基础工程建设就是进行专业设置。专业设置是学校管理的基本内容,同时也是教学工作的逻辑起点。具体来说,中等职业学校的专业设置关系着学校的发展前景存在与否,影响着教学设施、设备、师资队伍等教育资源的配置,对教育教学的目标、内容、过程和结果有一定的制约作用。

(1)关系着教学文件的形成

教学的重要文件包括课程方案、教学计划和大纲等,这些教学文件的设计、制订和编写必须以专业的培养目标为依据。对于不同专业来说,教材的选定与编写、各类教学课时比例的安排等方面也会呈现出相应的差异。由此可见,中等职业学校的专业设置直接关系着教学计划的制订,并对教学内容的选定有着十分重要的影响。

(2)关系着教学设施设备的建设

客观来说,不同专业对教学设施设备的要求会有一定的差异。专业的性质决定了其教学设备、实验仪器、专业教室和实习基地等方面的建设或设置。中等职业学校只有充分了解了本校的专业设置情况,才能有针对性地对教学所需的各种教学仪器、设备、场地等条件进行配备和购置。

(3)关系着师资队伍的建设

中等职业学校的师资队伍配备的依据就在于专业的划分。其中,除了文化基础课教师外,专业课教师和实习指导教师的配备或培养都要以专业性质或特点为依据。师资队伍建设如果没能与专业设置相联系,就不能形成合理的结构,不利于专业人才的培养。

(4)关系着培养目标的具体落实

社会上的职业有多种多样,其对人才的需求也具有多样性。不同专门人才的确定和培养只能由不同的专业来实现;以不同的业务范围为依据,可以划分不同的人才规格。由此可见,中等职业学校的专业设置有利于其专业培养目标的实现。

2. 中等职业教育为社会经济服务的关键

专业设置能够将教育和经济连接起来,是中等职业教育为经济发展服务的表现,是中等职业学校适应社会需求的关键环节,使学校人才培养的规格和质量"适销对路"。从根本上来说,教育与经济之间之所以能够建立"服务"与"依靠"的关系,严重依赖在专业设置方面的科学性。

科学合理的专业设置能够有效地开发人力资源,使培养出的人才能够真正满足社会、经济的发展需要,推动产业结构的优化升级,技术结构的科学合理化以及技术结构的不断完善,为区域经济的发展不断注入新鲜的血液,为国家的现代化建设不断添加充足动力。

如果进行专业设置时仅仅是凭借主观臆断,或者是一味地迎合某一社会阶层、家长和学生的意愿需求,而不顾社会经济发展的实际情况,必然会造成人才培养的失衡,不利于社会经济和中等职业教育自身的可持续发展。

二、中等职业教育专业设置的原则

中等职业教育是现代教育体系中的重要组成部分。在中等职业教育专业设置工作中,必须遵循一定的原则,才能够真正体现中等职业教育的意义。具体来说,中等职业教育专业设置的基本原则主要有以下几点。

(一)科学性原则

科学性是衡量一切事物的最高准则。中等职业学校在进行专业设置时同样要做到科学合理。中等职业教育专业设置的科学性原则主要体现在以下几个方面。

1. 指导思想的科学性

中等职业学校的专业设置必须要有正确的思想作指导。具体来说,中等职业学校的专业设置是为了满足社会和个人两方面的需要,是要为社会培养高素质综合性人才。只有在专业设置过程中确立了正确的指导思想,才能够遵循专业设置的规律,真正把握整体利益和长远利益,不会在短期、局部利益的迷惑下盲目地进行专业设置。

2. 专业划分的科学性

中等职业学校在专业划分过程中,各专业必须符合国家职业分类的有关标准,名称要规范,内涵要清晰。在当前阶段下,中等职业学校的专业划分可以以工作性质为标准,即打破以往一个行业一个类别的分类模式,以某类职业所需素质和能力为依据进行划分。

中等职业学校专业的名称设置要体现一定的科学性,必须明确体现出专业培养内涵,并区别于普通高校的专业设置。中等职业教育的专业设置要体现出专业培养的目标和业务范围,明确人才培养规格,不但要适当扩大职业涵盖范围,使学生在择业时有选择的余地,同时又能保证课程能够按时完成。

3. 专业设置操作过程的科学性

在中等职业教育的专业设置工作中,不管是专业的规划、实施,还是专业的管理或教学,在任何一个环节都应该做到有据可依,有章可循,并遵循专业教育教学的基本规律。

（二）需要性原则

专业生存与发展要以社会需要为基础条件。想要提高中等职业学校的办学效益,其中最重要的环节是实现专业设置与社会需要的有机结合。社会需要包括两个方面的内容:一方面来自于经济社会发展的客观需要;另一方面来自于学习者的主观需要。

客观来说,社会经济发展的要求会在一定程度上影响和制约着学习者的主观需要,这种影响和制约有时会产生一定的负面效应。因此,中等职业学校的专业设置必须要全面考虑学习者和社会经济发展两个方面的需要。

中等职业学校的专业设置只有与一定经济和社会发展的实际情况相适应,才能为经济的发展和社会的进步提供有效服务,进而形成"服务—依靠"的良性循环,实现社会与教育的相互促进。在专业设置时,中等职业学校应尽可能将专业结构和区域的产业结构有效的结合起来,使专业口径符合社会职业的分工情况。

（三）统筹性原则

在现代社会中,中等职业教育的专业设置已经超出了学校个别行为的范畴,其属于一种社会行为。专业的设置要做到合理、科学,需要依靠政府的宏观统筹与指导。政府通过分析劳动力市场的需求,并对其作出科学的预测,向学校发布信息;学校以这些信息为依据进行专业设置,并建立起规范有序的管理体系。

政府可以发挥自身的宏观调控作用,对区域范围内中等职业学校的专业设置进行统筹管理,促进中等职业教育专业结构的整体协调性和科学合理性。对于中等职业学校来说,其在政府的宏观统筹下学校面向区域社会经济的发展实际,能够科学有效地设置专业,减少专业设置的盲目性。

中等职业学校在进行本校的专业设置时,应该以国家统一的专业目录为参照,并以此规范各专业的教学行为。客观来说,中等职业教育学校专业的设置需要考虑社会的人才需求、国家的有关计划、学校自身的性质、特点和发展方向这几个方面的因素。在综合考虑这些相关因素的基础上,设置相应的专业,并严格履行审批手续。对于与区域内其他学校相同或相似的专业,需要努力提高自身的专业竞争力,加强与周边学校的沟通与合作,避免恶性竞争。政府和学校都应该尽量避免专业设置的盲目性和"一头热",使培养的人才和教育资源都能得到充分的运用。

(四)适度超前原则

由于学校的人才培养具有一定的周期性,知识教育具有一定的滞后性。出于这方面的考虑,中等职业教育在设置专业时,必须具有适度的超前性。

在现代社会中,中等职业学校必须要把握时代的发展趋势,及时跟踪和探究时代发展的新脉络、新潮流;研究某些新兴行业、新兴部门的发展前景和人才的需求;科学地预测未来人才市场的需求变化情况,适时开设新的专业;根据社会发展的需要及时对学校现有的专业进行拓宽和改造,使学生能够顺利融入社会发展的潮流。只有这样,才能取得良好的办学成绩,避免被社会发展所淘汰。

(五)效益最大化原则

效益包括社会效益和经济效益。在当代市场经济条件下,中等职业学校设置与调整专业时,既要贯彻国家和地方政府的教育方针政策,追求社会效益,适应社会对人才的需求,同时也要考虑到办学的经济效益,通过对教学资源的优化配置,以有限的投入培养最多的优秀人才。

中等职业学校的专业设置必须兼顾社会效益和经济效益。过于强调经济效益,就有可能使学校的办学偏离正确的方向,最终不利于学校获得经济效益;过于强调社会效益,则会削弱自身办学实力,不利于学校的生存发展。

中等职业学校在设置和调整本校的教学专业时,必须要注意保证人才培养的质量,满足社会发展的需求,为社会的发展作出贡献;要分析教育投资效益,分析教育资源的利用情况。通过社会调查,对今后就业形势和招生前景以及专业建设所需要投入进行科学预测,并将当前利益和长远利益紧密结合,实现规模、质量、效益的结合。

(六)开放性原则

在当前阶段下,我国社会经济发展水平存在着明显的地区差异,劳动力资源分布也很不均衡。具体来说,经济发达地区需要更多的劳动力来为本地区经济发展服务,因而需要大量的劳动力资源;对于经济欠发达地区来说,由于第二、第三产业发展的迟缓,劳动力明显过剩。在这种情况下,经济欠发达地区的中等职业教育学校在设置专业时,可以适当考虑劳务输出,实现劳动力的省际流动。

随着全球一体化趋势的势不可挡,我国的中等职业学校必须顺应这一历史潮流,在专业设置上运用全球化的眼光,借鉴国外的先进经验,实现我国中等职业教育与国际接轨。

(七)发展性原则

1. 要实现学校的可持续发展

对于中等职业学校来说,任何专业的设置都必须要首先顾及到学校的整体利益,与学校的综合发展规划相协调,以实现学校教育资源调配的最优化和学校效益的最大化。

2. 要实现学生的可持续发展

在当今市场经济条件下,社会竞争日趋激烈,导致了职业的不稳定。在新的时代背景下,人们必须具备转换岗位、转换职业的能力。这就要求职业教育的专业设置具有一定的发展性,实现学生的可持续发展。客观来说,中等职业学校的专业设置在培养目标、学制、课程、教学内容等方面的计划和安排,不仅要使学生获得一定的知识与技能,而且要为学生的职业生涯奠定坚实的基础。

3. 要实现专业自身的可持续发展

中等职业教育的专业建设必须走内涵发展的道路,拥有自我调节、发展和更新的能力,以适应市场经济环境下招生和就业的剧烈变化。必须建设高水平的专业体系,才能培养高素质的专门人才,使专业自身充满活力,实现可持续发展。

第二节 中等职业教育课程设置

一、中等职业教育课程的概念

1997年，联合国教科文组织发布了新版《国际教育标准分类》，其中对课程进行了定义，认为"课程就是为完成预先确定的目标或明确规定的一组教育任务而组织的有一定排列顺序的教育活动。目标可以是为进行更高级的学习做准备，取得从事某种或数种职业所需要的资格，或者只是为了增长知识及理解力"。

中等职业教育课程属于课程的子概念。根据对课程的概念的理解，我们可以认为，中等职业教育课程就是指中等职业教育课堂教学、实践教学以及学生自学活动的内容纲要和目标体系，当然，它也是教师教学工作和学生学习活动的总体规划。由此可见，课程与教学有着极为密切的关系，教学围绕着课程的教与学，课程是教学活动的载体和系统平台。

从客观角度来说，中等职业教育课程可以分为显性课程和隐性课程。所谓显性课程，就是指由教学计划所规定的必须学习的课程。隐性课程则是指学生在教学计划以外所学习的课程，即学生在学校情景中无意识地获得经验、价值观、理想等意识形态内容和文化影响。对于中等职业教育来说，显性课程固然重要，但是隐性课程更是贯穿于中等职业教育的全过程，它以间接的、内隐的方式呈现出来，如校园环境、学校管理体制、教室文化、人际关系等。

二、中等职业教育课程内容的特点

(一)强调知识的综合性

在当代社会中，社会经济的高速发展推动着社会职业岗位的不断更新与调整，社会分工也开始由单一工种逐步转变为复合工种，现代人一生可能要经历多次的转岗和再就业。因此，从事技术性工作的人必须在精通一门或多门专业知识的基础上，尽可能多地了解或掌握其他相关专业的知识和技术。唯有如此，才能不被社会所抛弃，在诸多岗位上游刃有余。

为了适应社会经济发展对人才的需求,中等职业教育课程必须强调知识的综合性。中等职业教育在强调专业课的教学内容之外,还应打好文化基础和专业基础,主要包括必需的文化知识、够用的专业理论和必备的基本实践能力。具体来说,中等职业学校应该改变以往每门课程自成体系的传统观念,整体优化课程结构,加强学科间内在逻辑和结构上的联系;尽量减少不必要的必修课,增加与专业相关的实用性较强的选修课;增加一些实训课,努力培养学生的综合素质、创新能力培养、创新精神训练等方面所必需的课程。

职业教育课程内容的综合性也要求中等职业教育拓宽专业培养的口径,扩大专业的覆盖面,培养学生的综合职业能力,不应将专业划分过细。在保证基本专业知识的基础上,加大传授跨学科知识和成果的力度,改变传统的"专才"培养模式,培养一专多能的适应知识经济时代要求的"通用"型、复合型、"T"型、"X"型人才。

(二)突出技能教育

中等职业教育教学具有职业性和实践性的特点,针对学生所实施的教育既要满足学生掌握基本理论知识的需求,还应该满足学生获得综合性专业技能、技术能力的需求。中等职业学校培养出的毕业生应具备从事第一线工作的能力,应同时拿到学历证书和职业资格证书,一毕业就能上岗。这要求中等职业学校选用具有较强实用性的专业课程教材,而不应单纯强调理论的系统性、完整性;在课程内容和课程安排上,要合理调整,对理论知识的教学时间可以适当缩减,强调"必需、够用",对技术技能课的教学时间应适当增加,并且应及时反映与职业相关的最新科技成果,并加强实践教学,努力提高学生的实践能力;在教学中,要注意把传授知识与培养学生的能力结合起来,使学生的知识和能力获得同步发展。

(三)重视人文教育

有学者指出,"至今,职业技术教育的培养目标由单纯的'技术劳动者'变为'技术人文主义者'。劳动者必须要有对全人类负责的高度责任心,有较高的人文社会科学素质,有把技术问题置于整个社会系统中从而进行政治的、经济的、法律的、生态的甚至伦理的综合考虑的能力。[1]"由此可见,人文教育在中等职业教育中的重要性越来越突出。

从本质上来说,人文教育就是人性教育,其核心是涵养人文精神。知识

---

[1] 刘春生.知识经济时代职业技术教育的改革[J].教育发展研究,1999(1).

经济时代的劳动者除了具有精湛的职业本领以外,还应具有诸如善于与人打交道、联想思维、团队精神、责任心、职业道德等这些必要的能力,而人文教育恰恰是培养这些能力的重要途径。由此可见,中等职业教育要培养新时代的人才,就必须要重视学生的人文教育,重视学生关键能力的培养。

(四)重视创新能力培养

创新是一个民族进步的灵魂,是国家兴旺发达的不竭动力。随着我国社会产业结构的更新与调整,岗位变化的速度越来越快,一些新技术、新行业也随之涌现出来。这使得职业教育在注重培养学生实践能力的同时,还要注重培养学生的创新精神和创新能力。在当今社会中,创新精神和创新能力的培养,更有利于学生更好地进行自主创业,更有利于促使产品的升级换代。

综上所述,我们可以看出,中等职业教育课程必须在原有理论、技能基础上,根据岗位变化、技术更新,适当地增加一些适应性的教学内容,要适度增加一些能够拓展学生思维,能够促使学生参与讨论的内容,力求激发学生独立思考的积极性,加强学生的创新意识,培养学生的理解力、思维能力和创新能力。

三、中等职业教育课程设置的依据与原则

所谓课程设置,就是指各级各类学校开设的教学科目和各科的教学时数。中等职业教育课程设置则主要是指中等职业教育培养技术应用型人才和高技能型人才的总体规划,这项总体规划中主要体现达到培养目标所要求的教学科目及其目的、内容、进度和实现方式等。[①] 课程的设置虽然是以人的主观思想产物来表现的,但并不是说它是"无源之水,无本之木",中等职业教育课程的设置有其自身的依据和原则。

(一)中等职业教育课程设置的依据

1. 学生的人格取向与个性发展

人格取向主要是指以完善人格,促进人的"自我实现",提高人的个体素质为目标。中等职业教育所培养的学生不能只具有必需的知识和能力,而

---

① 张健. 地方政府在建设现代职业教育体系中的作用——以常州市为例[J]. 职教论坛,2013(2).

没有健康的职业心理、终身学习的意识、自主创业和积极生存的能力。从客观角度来说,中等职业教育课程设置不能只拘泥于能力取向层面,还必须要充分考虑到学生的人格取向层面,就是说要着眼于学生的全面发展,在能力取向的基础上,以提高综合职业能力为核心,以致力于人格的完善为目标,不断提升知识、情意、人性在中等职业教育课程设置中的地位,以此来充分确保高职学生的全面和谐发展。

个性发展强调人的全面发展,强调体现人性的丰富内涵,这是现代教育思想的一个重要标志。中等职业教育课程作为中等职业教育的核心要素,必须反映教育个性化的思想,其最基本职能就是促进学生身心和个性发展。从这个角度来看,在中等职业学校的课程设置工作中,必须要充分体现学生的主体性,要给学生以自由的时间和空间,要适合学生的个性发展。

2. 社会发展需求

在现代社会中,中等职业教育培养的人才主要是实用型人才,其课程设置应该针对社会经济发展的现实需要和实际的岗位需求,真正做到以社会发展需求为驱动,这样才有利于及时吸纳新知识、引进新技术、采用新方法。

在现今知识经济时代背景下,中等职业教育只有适应社会需求,才能显示出中等职业教育的独特作用,才能体现出中等职业教育所存在的社会价值。从社会需求的这一依据出发,中等职业教育课程设置必须考虑的因素就是,适应社会生产力的发展对社会从业人员的文化技术素质要求,适应行业发展对从业人员的特殊素质要求,适应知识经济的发展对从业人员创新素质的要求,满足学生今后的可持续发展对终身学习提出的要求。

总的来说,必须要充分考虑到以上几个因素,中等职业教育课程设置才能跟上高新技术的发展前沿,培养出的人才才能更好地适应全面建设小康社会的发展要求。

3. 学科建设

在现代社会中,科学技术飞速发展,学科与学科之间开始由单向联系向多维联系方向发展,逐渐形成一个相互渗透,纵横交叉、多层次、综合性的学科体系。在这种环境下,中等职业教育要培养出高素质的技术应用型人才和高技能型人才,使学生能够胜任职业岗位的工作,适应未来经济社会的发展和变化要求,就必须要准确把握中等职业教育学科发展的前沿,传授最有用的知识和技能给学生。

从学科建设的要求来看,中等职业教育课程设置必须要注意学科知识的综合,消除学科之间彼此孤立、对立的局面,以使学科知识良性发展,使学生的学习取得最佳效果。

(二)中等职业教育课程设置的原则

1. 综合性

中等职业教育的人才培养目标决定了中等职业教育的课程目标。中等职业教育课程目标必须是综合性的,不仅要体现社会发展的变化需求,还要满足个体发展的需要;不仅要反映课程的稳定性,还要体现课程的灵活性;不仅要保证课程的实用性,还要体现课程的创新性。总而言之,中等职业教育课程目标要脱离单一性方向发展,转为综合性方向发展。

需要指出的是,课程目标的综合性还应该与学科的综合性、知识结构的综合性、人才素质的综合性保持一致,这样才更能满足人才培养目标的各种需求。

2. 科学性

在新的发展环境下,中等职业教育的课程设置必须要坚持课程决策的科学性原则。具体来说,中等职业学校要对社会上的相关行业进行深入了解,准确把握行业的发展水平、行业的科技含量、行业的职业技术岗位变化、行业的市场化和国际化程度,以此作为中等职业教育课程决策的目标取向。在此基础上,建立由学校、行业、企业和中等职业教育研究专家组成的课程决策机构,共同参与中等职业教育课程设置的研究、决策、设计等各个环节的全过程,最终设置适应行业发展,适应学生发展的课程。

3. 多元性

这里所说的多元性原则,就是指课程功能的多元性,比如社会发展促进功能、经济发展功能、文化功能、创新功能等。课程结构支配着课程的功能,灵活的课程结构必然导致课程功能的多元性。在现代社会中,社会经济不断发展,产业结构不断升级,教育结构和就业结构也在不断变革,这种社会环境要求中等职业教育所培养的人才必须是多规格、多层次和多类型的。从这个角度来看,中等职业教育课程设置只有呈现出多元性态势,才能适应社会各方面的变化。

具体来说,要实现课程功能的多元性,主要有以下几个方面的要求。

第一,要加强隐性课程开发,适当提高选修课程的比例,给学生提供真正按自己兴趣、特长、能力等选择课程学习的机会,使学生能够在课程学习中真正获得个性的全面发展。

第二，所设置的课程要能够体现区域特色、行业特色和学校特色，能够突出时代特征，扩大课程张力。

第三，学校要尽可能多的设置各种不同类型的地方课程和校本课程，供学生选择。

4. 灵活性

课程结构不同，中等职业教育课程体系则不同，其功能也就不相同。随着现代社会发展要求的改变，中等职业教育培养的人才既要有宽广的文化基础，又要有较强的技术应用能力和技术开发能力。

模块课程是一个能够按不同的功能划分为若干相对独立的，但又有一定联系的模块的系统。其运行灵活，既能发挥模块的整体功能，又能发挥各模块的独特功能。模块课程是一种灵活的课程结构，对中等职业教育人才的培养具有十分重要的作用。我国中等职业学校应该遵循灵活性原则，多开发一些有利的课程结构，服务于高等教育的人才培养。

5. 政策性

所谓课程设置的政策性原则，就是指中等职业教育课程设置必须要贯彻国家的教育方针，正确处理好德、智、体等多方面的关系。在中等职业教育实践中贯彻政策性原则，要求做好以下 3 个方面的内容。

第一，以素质教育为核心，以提高学生的综合素质和创业、创新能力为重点，不断提升课程设置的综合性。

第二，深入了解社会需求，准确把握市场供求关系，提高课程设置的针对性、有效性。

第三，认真贯彻国家的教育方针，准确把握社会经济发展趋势，优化课程设置，提高课程设置的合理性、科学性。

第三节　中等职业教育教学研究
——以有效课堂教学为例

提高课堂教学的有效性，可以说是提高中等职业教育质量的关键所在。这也就是说，如果课堂教学有效了，那么中等职业学校教育也就有效了。通常情况下，中等职业学校主要有 3 种类型的课堂教学：一种是在教室里进行的课堂教学;一种是实验室课堂教学;还有一种是实习工厂(或车间)的课堂教学。因此,提高中等职业学校课堂教学的有效性,实际上也就是指提高上述3种类型课堂教学的有效性。

一、有效课堂教学的特点

(一)正确的教学目标

教学目标是教学要达到的目的和期望。研究表明,教师对教学目标的明了程度不仅与学生的成就存在密切的关系,与学生的满意度也存在密切的关系。[1] 正确的教学目标指向中等职业教育学生的进步和发展,关心中等职业教育学生通过教师的教学是否掌握了教学内容,是否能够在日常工作和生活中应用所学到的知识或内容。

(二)充分的教学准备

充分的教学准备,是指教师为确保一门课程或一堂课有序进行而对教学做的精心谋划。从教学工作的基本环节而言,备课可谓是一个十分重要的环节。经研究显示,教师上课前精心备课、周全地计划和组织教学内容,能够有效减少教师授课时用在课堂组织和管理上的时间,从而使教师有更多的时间用于教学、学生可以有更多的时间进行学习,最终提高课堂教学的有效性。反之,如果教师上课前没有周密的计划,在授课时花在课堂管理上的时间相对也就会增多,那么学生的注意力往往也就游离于教学内容之外。

(三)清晰的讲解

讲解是中等职业学校教学的最主要的方式,无论是文化课、专业基础课,还是技能课皆概莫能外。所以,讲解是否清楚明白,也就成为影响教师课堂教学是否有效的主要因素之一。清晰的讲解就是教师清楚地讲授、解释教学内容,明确地传达对学生的要求,从而使学生正确理解、牢固掌握和顺利应用或迁移教学内容。如果教师可以很清晰地进行讲解,那么学生掌握技能、形成能力的过程将会更加顺利,课堂教学也会更为有效。[2]

---

① [英国]克里克山克. 教学行为指导[M]. 北京:中国轻工业出版社,2003.
② [美国]鲍里奇. 有效教学方法[M]. 南京:江苏教育出版社,2002.

（四）周密的组织

周密的组织是指教师在教学实施时为保证教学内容、活动、策略、秩序等的合理性、科学性而进行的安排，特别指教师对教学活动的有效安排。由于教学准备与教学组织是密切联系的，因此如果教师准备了一门课或一堂课的教学目标、教学内容、教学方式以及其他所有教学材料，但不善于组织教学，那么这堂课也就难以取得良好的效果。

一般来说，周密细致的课堂教学组织主要表现为：有条不紊地安排教学活动，合理安排教师讲授和辅导、学生思考和参与的时间，引导学生专注于教学内容，处理教学中所出现的各种突发情况，减少课堂教学中断次数，使教学依照教学计划设定的方向而正常进行。

二、有效课堂教学的三种模式

（一）规律的应用——探究课堂教学模式

学习规律的目的是为了应用规律。因此，该模式的目标是让中等职业教育学生通过应用概念和规律而加深对概念、规律的理解，培养他们专业方法的应用能力和实际问题的解决能力。一般来说，该模式主要包括以下几个环节。

1. 情境导入，明确问题

这是教师通过多媒体教学设备创设现实问题情景，从而激发学生解决问题的兴趣，明确所要学习或亟待解决的问题。

2. 分析问题，明晰应用的概念或规律

教师需要让学生思考、分析、探索问题，提取问题中的已知条件、未知条件和所要求的结果，逐步引导学生讨论并确立解决该问题所需要用到的专业概念以及规律。

3. 分组讨论，提出假设

教师先将学生分成若干个小组，并以小组为单位进行猜想、讨论解决问题的可能方案。在这一环节中，教师须鼓励学生多思考、多猜想，而不要求急于计算、求证，但也要注意给学生一定的时间限制，而且时间的长短要以问题的难易程度而定。

4. 共享方案，评价筛选

如果学生提出足够多的方案之时，教师就可以让小组成员汇报小组提出的方案。教师在收集、汇总各小组的方案之时，也要将全部方案展示给所有学生，以选出其中不同的方案，再让学生以逻辑推理的方法淘汰完全不可能的方案，进而筛选出可行方案。

5. 计算证明，验证假设

让学生对剩下来的可行方案以缜密的计算和证明的方法来加以验证其有效性。假如学生利用信息技术的能力较强，那么也可以要求学生通过信息技术来表征最后的方案。

6. 汇报总结，反思过程

在这一环节中，学生需要汇报验证的结果、总结问题的解决方案。假如方案相对较为复杂，那么教师也可以通过利用多媒体计算机来演示该方案解决问题的过程。之后，教师也必须要求学生反思解决问题的过程，集中讨论问题解决过程中所用到的专业方法。如果在该模式中应用信息技术辅助教学，那么其教学过程中教师与学生的互动可用表 8-1 来表示。

表 8-1　规律的应用——探究教学模式中信息技术的应用和师生互动

模式程序	信息技术的应用	教师活动	学生活动
情景导入，明确问题	情景创设，问题呈现工具	创设情景	明确问题，形成一定的心理倾向
分析问题，明确应用的概念或规律	交流讨论工具	引导，总结	讨论，分析，确定应用的概念或规律
分组讨论，提出假设	交流讨论，表征假设工具	分组，设定讨论时间，鼓励学生关注本小组所有成员的发言情况	讨论，提出假设
共享方案，评价筛选	展示方案、交流讨论工具	收集、呈现方案，参与学生讨论	汇报，讨论评价
计算证明，验证假设	计算工具，实验环境，交流讨论工具	提供工具及其使用方法指导，提供帮助	计算、证明，交流讨论
汇报总结，反思过程	表征方案，交流讨论工具	评价，总结，引发反思	汇报，讨论总结，反思

这一模式适用于中等职业教育学校文化课、专业基础课以及专业课中的与职业、生活有关的内容的传授。其理想的条件是学校能够具备多媒体投影设备、网络环境、计算器、设计软件等专业探索工具等硬件条件,并要求教师和学生可以熟练使用计算机、设计软件、网络交流讨论工具等。如果中等职业教育学校不具备网络教学环境,那么学生的交流讨论也可以通过口头交流进行。另外,该模式的教学效果可用模拟问题的解决来进行评价。

(二)概念的归纳——获得课堂教学模式

概念的归纳——获得教学模式是在参考借鉴乔伊斯和韦尔的"概念获得模式[①]"和其他的一些概念教学模式内容,以及通过参与和反思概念化的过程的基础之上所综合确立的一种教学模式。此模式主要包括以下几个环节。

1. 情景导入,明确教学目的

情景导入的目的在于充分激发学生的学习兴趣。所创设的情景需要与所讲授的概念内容有关,既可以是与概念相关的生活实例或其他资料,也可以是用以明示该概念与其他概念关系的先行组织者等。在概念学习前,教师须向学生阐明本课的教学目的是通过寻找其本质属性界定某一概念。

2. 呈现例子,分类归纳

这就要求教师选择一些肯定性例子以及否定性例子,之后呈现给学生,让他们将相似的例子归为一类,并找出其共同属性。如果低年级的学生尚缺乏一定的分析能力,那么教师就可以先呈现肯定性例子,让学生提取其中的共同属性,然后再呈现否定性例子,剔除非本质属性,以引起低年级学生对本质属性的注意,从而加强他们对本质属性的认识。

3. 提出概念假设

当学生将所有的属性都罗列出来之后,教师应当要求学生给该例子取一个名称,思考如何用这些属性来表述这个名称。此时,教师不要对任何学生的观点进行肯定或否定的评价,而是要鼓励他们多思考、多说。

4. 呈现例子,检验假设

在完成上述环节后,教师同样还需要呈现一些肯定性和否定性的例子,

---

① ［美国］乔伊斯,韦尔. 教学模式［M］. 北京:中国轻工业出版社,2002.

从而让学生用自己提出的假设判断是否所有的肯定性例子都能归到概念组中、概念是否已包含了所有的本质属性。必要时,教师可以将一些属性添加到概念之中。

5. 概括总结,形成概念

教师展示全体学生提出的概念属性和概念假设,并要求学生共同提取该概念所包含的所有本质属性,以最简练的语言进行概括,进而再现概念的规范表述。

6. 应用概念,巩固理解

教师可以呈现一些较为复杂的例子,从而让学生通过应用概念而进行分类;或者让学生自己举出一些符合该概念的例子,加深他们对概念的相关理解。

7. 反思概念化过程

教师可通过问题来激励学生回忆、反思、讨论自己所得出概念的过程,如"请回忆一下你们得出这一定义的过程,你们是怎么确定其主要特征的",以提高其思维能力。假如在上述过程中运用信息技术辅助教学,那么其过程中的师生活动可用表 8-2 来表达。

表 8-2　概念的归纳——获得教学模式中信息技术的应用和师生互动

模式程序	信息技术的应用	教师活动	师生活动
情境导入,明确教学目的	情境创设工具	创设情景,说明教学目的	明确目的,形成一定的心理倾向
呈现例子,分类归纳	例子展示,练习,表征观点	选择例子,确定呈现方式,收集概念属性	例子分类,归纳概念属性
提出概念假设	表征观点、交流讨论工具	鼓励学生思考、发言,收集学生提出的假设	提出属性和名称,讨论
呈现例子,检验假设	展示例子、操练、表征观点、交流讨论工具	选择例子,阐明阶段目标,参与讨论,收集概念属性假设	例子判断,归纳属性,讨论

（续表）

模式程序	信息技术的应用	教师活动	师生活动
概括总结,形成概念	呈现假设、表征观点、交流讨论工具	展示概念属性和假设,参与讨论,评价学生概括的概念	概括概念,讨论互评
应用概念,巩固理解	呈现例子,操练工具	选举例子,评价效果	判断,举例
反思概念化过程	交流讨论工具	提问引发讨论	反思,讨论

该教学模式通常适合于中等职业教育学校文化课、专业基础课以及专业课中的一些具有明确属性的概念,同时对信息技术的要求往往不高,只要配备投影设备或一台计算机即可。不过,运用这一模式在教学前,教师须准备好肯定性和否定性例子以及一些复杂的、似是而非的例子。当然,教师也可用判断、举例的方法来评价学生是否已理解、获得了该概念,进而验证教学效果。

（三）动作技能课堂教学模式

技能是一组有目的活动的复杂范型,这种活动要求对习得的信息进行操作和协调。[①] 动作技能的范围较广,如电脑打字、驾驶机动车等都属于动作技能。尽管不同的动作技能有着不同的知识基础、操作工具、动作复杂程度与执行环境,可动作技能的教学目标却基本上没有本质的差别:技能学习者应当知道怎样完成一个工作,并且明晰在何时进行工作,而且可以采取适当的策略执行与修订计划。换句话说,动作技能的教学目标就是让学习者从不会到会、从生疏到熟练的过程,是让学习者在规定的时间完成正确的动作而高效地达到目的(见表 8-3)。

---

① 盛群力,褚献华.现代教学设计应用模式[M].杭州:浙江教育出版社,2002.

表 8-3　动作技能的教学模式

教学程序	学习内容	教学策略	教学环境	测验评价方式
第一阶段：传授知识	安全保护事项；掌握该项动作技能应具备的知识基础；动作技能每一个环节涉及的身体动作程序；操作特定动作技能的时机与原因	形成初步行为与学习动机；教师做动作技能示范；借助语言表达、文字、图像展示或影片等中介，说明动作技能的知识基础与操作动作技能的时间与原因；展示并说明分解动作图片或影片	一般教室：可以进行知识基础的教学；实习教室或具备特定条件的场地（工厂）：表现动态的动作程序，需要有真实器材或部分功能仿真器材的环境	纸笔测验：测量技能表现的相关知识；辨认测验：辨认完成动作所需要使用的工具、器具或感官信息
第二阶段：反复练习修正错误	知道正确与错误的动作实例；知道该项动作技能关键性的概念；熟练执行各项动作技能	学生进行练习，熟练执行动作；教师提供个别化的反馈，依据学生个别的情况提供适当的单独反馈，以修正错误的动作或是激发学习动机；口头或书名提示该项动作技能的关键性概念	实习教室或具备特定条件的场地（工厂、车间）：可以提供教学演示以及学生练习	结构化表现测验：标准化的测验情境测试学习者可以精确无误地执行特定的动作技能
第三阶段：熟练应用	发展探索现象的技能，包含外在信息的搜寻与归纳分析的能力；持续练习，发展问题解决能力	鼓励学生持续发展熟练程度；引导学生发展探索该项动作技能相关现象的能力；引导学生培养解决该项动作技能问题的能力	实习教室：发展熟练度；实际应用之空间（如汽车驾驶室）：在真实的工作环境中进行动作技能的练习	模拟表现：以部分或全部模拟的真是情境作为评量方式，常见有仿真器；工作样本：测验情境的真实度最高，在控制量的情况下，测试出全部表现的重要元素

第九章 中等职业教育评估
指标模块化设计

在现代教育管理中,评估是一个基本的管理环节。随着教育观与管理观的融合,教育评估在学校管理中的地位越来越突出。它可以说是一种促进教育向更加完善的方向发展的动力机制。对中等职业教育而言,学校的评估技术就是衡量学校教育发展水平的一个重要尺度。由于中等职业教育评估体系中存在着诸多基本的指标模块,因此,中等职业教育评估指标模块化就被顺理成章地提了出来。本章则专门分析与探讨一下中等职业教育评估指标模块化设计的相关内容。

第一节 中等职业教育评估指标模块化设计概述

一、中等职业教育评估指标体系概述

(一)中等职业教育评估指标体系的概念

评估,是指以一定的目标、需要、愿望为准则的价值判断过程。那么教育评估,也是一个价值判断过程。不过,它以教育目标或一定的教育价值观为依据,以科学的评估方法技术为手段,主要为促进人的发展和教育管理、教育决策提供有用的信息。[①]

指标,就是指预期中想要达到的规格、指数、标准。换句话来说,指标就是具体的、可测量的、行为化和操作化的目标。当然,这里作为目标的指标,所反映的是目标的一个方面(局部)。当具有紧密联系的一群指标集合在一

---

① 程书肖.教育评价方法技术[M].北京:北京师范大学出版社,2004.

起,就形成了系统化的指标,即指标系统。指标系统往往反映了全部的目标。

评估指标体系就是指由评估指标系统、评估标准系统、评估计量系统组成的有机整体。其中,评估指标系统反映了评估对象和评估目标的结构;评估标准系统则是对相应评估对象的各个部分以及整体而进行价值判断的准则和尺度;评估计量系统一方面反映了各指标之间的权重,另一方面规定了指标体系的测量方法和统计方法。中等职业教育评估的指标体系,是中等职业教育评估方案设计的核心工作,也是评估方案的核心内容。

(二)中等职业教育评估指标体系的构成

1. 评估指标系统

评估指标系统是整个评估方案设计中的一个重要内容。它是人们对教育活动客观规律认识的产物,反映了一定时期人们的价值观。简单而言,评估指标系统主要规定了评估活动评什么或不评什么。"指标性评估指标"和"概括性问题评估指标"是评估指标系统的两种基本表述形式。

(1)"指标性评估指标"

"指标性评估指标"是一种具体的、可测量的、行为化的评估准则,一般是根据可测或可观察的要求而确定的评估内容。之所以说其具有行为化特征,主要是因为它用外在的行为来反映内在的思想,用具体的项目来反映抽象的内容。

"指标性评估指标"既有优点也有缺点。优点就是:便于测量;便于定量处理,易于获得综合结论;测量过程误差较小,信度较高。缺点就是:不易于设计;灵活性缺乏,较难反映评估对象的特点和社会的多样化需要;效度较低。

(2)"概括性问题评估指标"

"概括性问题评估指标"是针对"指标性评估指标"的不足而提出和发展起来的一种评估准则,主要就人们所关心和关注的问题,用一系列比较抽象的问题作为评估的准则。它不针对具体行为,较为抽象和概括,强调整体性的认知。

"概括性问题评估指标"既有优点又存在一定的不足。优点就是:易于设计和制定;易于帮助教育评估对象进行改进与发展,有较强的实用性;效度较高。不足就是:误差较大,信度较低;不易于进行定量处理,也不易于获得综合性的评估结论。

2. 评估标准系统

在教育评估学中,标准是一个较为重要的基本概念。它是一种希望达到的目标[①];或者是所需态度的期望状况;或成绩的预期水平。研究中等职业教育评估时,常对该词作两种解释:一是指标准物,即评估测量的量表、尺度;二是指评估对象质变的"临界点",是评估对象质变过程中量的规定性,指符合要求的优良或完成程度或水平的高低。

"量表"和"临界点"在一定程度上是可以相互转化的。当标准物以目标本身作为尺度时,其本身也就是作为"临界点"的标准了。评估中通常所指的"标准",是作为"临界点"意义上的评估标准。

从对标准的解释来看,评估标准系统就是指对评估准则系统在行为化、操作化方面的量的具体界定,是评估准则集上的模糊子集,常用等级性的模糊语言表示,表明评估准则系统对教育目标的达成度。

3. 评估计量系统

评估计量系统主要由测量方法、统计方法、权重集等构成。

评估测量方法既包括传统的测量方法又包括现代的测量方法。其通过具体规定,根据评估标准系统,获取评估准则系统在教育目标达成度方面的有效的、可靠的信息,从而保证教育评估工作的客观性。

评估统计方法也包括传统的数理统计方法和现代的模糊统计方法等。其通过具体规定测量信息的整理、估计和推断,从而保证教育评估的科学性。

权重集则是评估准则系统和评估标准系统这个直积集上的模糊关系集。其充分反映了各项评估指标对教育目标达成度的影响价值。"权重",是评估指标相对重要程度的数值表示。一个准则在评估准则系统中的重要性程度主要依靠权重来表示。

(三)中等职业教育评估指标体系的基本成分

当前阶段,评估学界将职业教育评估指标体系的基本成分总结为以下3个方面。

第一,效果指标。效果就是一定活动的客观结果。职业教育是一种特殊的生产劳动,既有投入也有产出。因此,在制定评估指标时就必须考虑到投入和产出的关系。在职业教育中,对效果的评估应包括人才、科技成果、

---

① 许建钺,赵世诚. 教育测量与评价——简明国际教育百科全书[M]. 北京:教育科学出版社,1992.

经济效益和社会效益等。

第二,职能指标。该指标适用于对评估对象所应承担的责任和完成任务所表现的外在行为进行评估。通常,不同的评估对象,职能指标体系的构成也不同。

第三,素质指标。该指标是从评估对象承担各种职责或完成各项任务应具备条件的角度所提出的指标序列。一般,不同的评估对象具有不同的素质内涵。

在中等职业教育评估体系中,虽然也有其他一些方面的指标,但是这3个方面的指标是占重要地位的。由于教育工作是多因素综合作用的复杂过程,因此,评估的内容、范围、所涉及的人和事,都是一种整体要求,指标之间互相联系,共同构成一个有机的整体。当然,对中等职业教育的评估而言,评估者更要从其本身的特点出发来制定更为科学合理的指标体系。

(四)中等职业教育评估指标体系的功能

中等职业教育不同评估项目的指标体系,应当充分体现和落实不同的评估目的。这里的评估目标基本就是教育目标。例如,在评估中等职业学校办学水平时,其指标体系体现的教育目标就是:学生在完成职业教育学业以后,应该具备的在德、智、体等方面特征和素质的描述,国家规定的职业学校在培养建设人才以及直接为社会服务等方面的基本任务。

归纳而言,中等职业教育评估指标体系主要具备以下一些功能。

(1)评判功能。中等职业教育评估指标体系既是学校自评的依据,也是评估机构测量与研究的工具。人们能够依据它定性或定量地给出评估对象的参量状态、等级。

(2)描述功能。人们能够通过中等职业教育评估指标体系中核定的各项指标,全面、系统、公正地表述评估对象主体的客观状态。

(3)导向功能。中等职业教育评估指标体系中的一些关键性指标能够有效引导中等职业教育的办学和改革的方向,"为经济转型和社会进步输送知识型、发展型技能人才"。

(4)指引功能。中等职业教育评估指标体系中评估结果显示的低分项,能够为学校管理者指明需加以改进的项目或方面。

(5)监测功能。通过中等职业教育评估指标体系的数据,人们能够监测到我国整个中等职业教育系统的运转情况,因此可依此来调控中等职业教育的发展,制定或修订有关的方针和政策。

(6)预测功能。学校管理者通过分析和研究中等职业教育评估指标体系中已有的基本数据和资料,能够探索出中等职业教育现象产生、发展和变化的一些规律,从而合理预测未来可能的发展变化趋势。

二、中等职业教育评估指标模块化设计的基本理论

(一)模块及指标模块

在计算机专业词典中,模块被解释为"能与其他部件一起使用的组装功能硬件"或"程序的一部分,能执行某一特定功能"。在学术界,模块常又被称为"构件",是指能够单独命名并独立完成一定功能的程序语句的集合。

模块是可以组合和变换的标准单元硬件,通常能够组合成系统的、具有某种特定功能和接口结构的、典型的通用独立单元。所谓模块化,即为了取得最佳效益,从系统观点出发,研究产品(或系统)的构成形式,用分解和组合的方法,并运用模块组合成产品(或系统)的全过程。[①]

从上述对模块的理解,我们认为,指标模块就是指标系统的组成部分,是构成系统的标准单元,具有典型性、通用性和兼容性,并能形成系列。由于指标模块具有独立的特定功能,人们可以单独设计它。当然,指标模块也可以组合成新的指标体系。

(二)指标模块化设计的基本思路

指标模块化设计其实就是一个分解和组合的过程。具体而言,这一过程就是指通过分析与研究某一类评估指标,将其中相类似的指标进行归并和提炼,使指标以通用单元的形式独立存在。这种以单元的形式独立存在的指标就是分解而来的模块。然后,再将不同的模块进行组合,形成所需要的各类评估指标体系。

所谓中等职业教育指标体系模块化设计,则是指以中等职业教育的评估实践和已有的各类教育评估指标体系为基础,通过归并与提炼,将指标以通用单元的形式设立,从而构建适用于中等职业教育各类评估的指标模块和指标系统。

中等职业教育评估指标模块主要分为基础部分和综合部分。基础部分包括模块、分模块、子模块和指标。一个分模块包含某一方面中观的评价内容;一个子模块包含某一方面微观方面的评价内容;一个指标则包含某一方面具体的评价内容。综合部分包括分模块、子模块和综合指标。一般各子

---

① 李亚东,查正和,等. 中等职业教育评估指标模块化设计[M]. 北京:高等教育出版社,2012.

模块下有若干个综合性指标。

由于评估模块是在一定评估思想或理论指导下建立起来的较为稳定的评估活动的结构框架和活动程序,具有高度的概括性,因而其适用范围较大。一个评估模块既可以运用于一个项目或几个项目,也可运用于所有项目。

评估模块的选取主要受评估项目内容的影响。例如,学校办学水平综合性评估,涉及学校的方方面面,则应当选取各个模块;而教学质量单项评估,则应当主要选取专业建设、教学管理、师资队伍建设等模块。

一般来说,为了便于选取和灵活组合指标,指标设计应尽量细化;为了便于扩展和补充,指标设计在结构上则应留有一定空间。

三、中等职业教育评估指标模块化设计研究的重要意义

中等职业教育评估指标模块化设计研究主要是紧密结合中等职业学校改革和发展的实际而展开的。其研究的主要内容有两个:一是中等职业教育评估指标体系模块资源库;二是中等职业教育评估指标体系设计应用软件。

之所以要研究中等职业教育评估指标模块化设计,主要是因为其具有以下两个重要的意义。

第一,这项研究能够填补国内中等职业教育指标体系设计的理论研究空白。在我国,关于中等职业教育评估指标设计的专门论述非常少,如果在充分理解我国现阶段中等职业教育的发展方向和培养目标的基础上,吸收当代最新的教育评估理论和教育理念,创造性地建构符合我国中等职业教育发展特色并为提高质量服务的评估指标体系的方法体系和实施体系,那么就达到了一种创新的效果。

第二,这项研究能够有效推进我国中等职业教育评估的规范性、科学化和现代化建设。中等职业教育评估指标模块化的科学设计和中等职业教育评估指标体系设计应用软件的开发,都将有效提高中等职业教育评估的科学性和有效性。

第二节　中等职业教育评估指标模块化设计方法

评估指标就是评估者判断事物所对照的方面或要素。这些方面和要素有时可以代表"特定目的下的优秀等级",有时则代表基本要素、平均质

量水平或最低要求。中等职业教育评估指标模块化的设计主要通过评估指标模块的划分和形成、评估指标模块的选取和组合来进行,具体方法如下。

一、评估指标模块的划分与形成

(一)模型法

在中等职业教育学校中,模型法是教育评估指标模块划分的一个重要且常用的方法。为了有效考量学校教育教学质量,设计者会先建立一个基础模型,然后重点研究某一类工作考量与评估的基本结构,分析这些基本结构能否基本满足考察某一工作实际状况的需要,并从该模型基础引申,形成若干个分模块,每个分模块再分成若干子模块,在此基础上列出每个子模块的具体指标,形成分叉,最终逐步构建成模块的基本模型。

例如,教学管理模块可分为教务管理、课堂教学管理和教科研管理3个分模块。教务管理分模块下又可分为教学制度、教学文件和层级管理3个子模块;课堂教学管理分模块下又可分为课堂教学、实践教学和质量监控3个子模块;教科研管理分模块下又可分为教研工作和科研工作两个子模块。每个子模块下又会有一些具体的指标。

(二)借鉴法

所谓借鉴法,就是指借鉴高等职业教育和本科教育的指标,通过分析、比较,选取部分适合中等职业教育的指标,以补充和完善模块结构。

例如,中等职业教育评估模块中,师资队伍建设模块素质与能力子模块中的"课外辅导"指标就是借鉴高等职业教育评估指标体系的。由于"课外辅导"对于年龄偏小、学习习惯偏差的中职学生显得更为需要,因此吸纳到中等职业教育评估指标体系中是合理的。又如,教学管理模块层级管理子模块中的"管理队伍结构"就是借鉴于高职高专教育示范专业评估指标。原因就是:从教学管理的实际情况来看,教务部门管理人员、教研组长的基本结构与素质对教学管理的效果有较大影响。

(三)聚焦优选法

聚焦优选法主要是研究聚焦各类指标体系中使用频率高但名称不一致的指标,通过比较、分析,形成较为规范的指标名称。例如,师资队伍模块中素质与能力子模块的"教学水平"指标,在确定之前就有 5 种提法,如表 9-1 所示。

表 9-1　"教学水平"指标聚焦

指标名称	指标个数	说明
教学水平	11	
理论教学水平	3	
实践教学水平	2	
师资水平	1	对象偏宽,"师资"包括公共基础课教师和专业课教师
教师业务水平	9	范围偏大,"业务"包括教学、教科研等方面

由于中等职业学校的综合评估有其篇幅的限制性,不可能将所有涉及某一类工作的考核指标都列入,只能通过研究、比较,列入一些相对来说更重要的指标,以体现这一类工作的实效性。例如,在德育工作模块中,应着重考虑学生行为规范、职业素养这些显性指标,而可以暂不列入道德品质教育、学科渗透等指标。

（四）专家咨询法

专家咨询法主要是在基本模块形成后使用的一种方法。该方法着重于通过征询中等职业教育方面富有教育教学和评估工作经验的专家意见,从而调整和完善指标结构。

例如,关于师资队伍建设模块下的指标,专家给出如下意见:课改是永恒的主题,大部分教师还缺乏这种能力;队伍建设成效能够激励学校自身的纵向发展;其他一些意见。因此,学校在这一模块下,又增加了"课改能力""队伍建设成效"等多个指标。

再如,当前中等职业教育学校德育工作模块下的"心理辅导""德育课程改革"等模块或指标就是在征询专家意见后新增加的。专家认为,心理辅导对有过挫折的中职学生尤为必要;德育课程改革非常有助于增强德育课程教学的有效性和吸引力。

（五）规范微调法

在采用上述方法下形成的指标,往往在文字、结构上或多或少会产生一些不够规范与协调的情况,这就需要设计者做好合理性的微调,使指标更趋规范合理。因此,规范微调法简单来说就是针对已筛选的指标进行适当的调整与规范。

例如,在师资队伍建设模块中,"队伍建设成效"指标原本被表述为"队伍改善成效",后来设计者考虑到与子模块指标"队伍建设"的统一与协调,于是将"改善"改为了"建设"。

在采用上述方法下划分和形成的指标模块,为了保证科学性和合理性,有时还需要定期或阶段性地征询评估专家或学校的意见,进一步扩充和调整指标。

二、评估指标模块的选取与组合

在中等职业教育评估指标模块化的设计中,评估指标模块的选取与组合也是相当重要的。在选取与组合的过程中,设计者一般应注意做到以下几个方面。

(一)分模块选取与评估项目内容保持一致

在选取分模块的过程中,一定要注意与评估项目内容保持一致。在中等职业教育学校的评估指标体系中,评估项目主要有办学概况、学校设施设备、师资队伍、专业建设、行政管理、教学管理、德育工作、质量效益。那么,选取每一个分模块时,就一定要与评估项目相对应。例如,学校办学概况这一评估项目对应的分模块就有办学理念、办学模式、办学规模、办学经费、校园校舍、学校荣誉、办学特色;与德育工作这一评估项目对应的分模块有德育目标与组织、德育教学与研究、育人环境、学生管理与服务、实施效果。

(二)子模块选取与分模块保持一致

在选取子模块的过程中,设计者必须注意使子模块与分模块保持一致。例如,在师资队伍评估项目下,专业教师的评估一般分为合格评估(专业检查)与选优评估(重点专业评估)两类(见表9-2、9-3)。合格评估需要考察专业教师应具备的基本条件和能力;选优评估不仅需要考察专业教师的基本条件和能力,更需要考察专业教师和学科带头人在引领或示范方面的综合能力与成果。因此,不同等级的评估选取指标角度的侧重面是不同的。这需注意,子模块与子模块是可以灵活组合的。

表 9-2 专业建设合格评估指标

分模块	子模块	指标	备注
专业教师	数量与结构	人数	
		师生比	必选
		学历结构	必选
		职称结构	必选
		双师型比例	必选
	素质与能力	师德修养	必选
		教学水平(含实践教学)	必选
		现代教育技术能力	根据需要
		学生满意率	根据需要
	队伍建设	建设规划与措施	必选
		培养培训	必选

注:指标选取后可以灵活组合,以减少指标数量。

表 9-3 专业选优评估指标

分模块	子模块	指标	备注
专业教师	数量与结构	人数	根据需要
		师生比	必选
		学历结构	必选
		职称结构	必选
		双师型比例	必选
		专业实践	必选
	素质与能力	师德修养	必选
		教学水平(含实践教学)	必选
		现代教育技术能力	必选
		课外指导	根据需要
		实践指导	根据需要
		外语水平	根据需要
		课改能力	必选
		教科研成果	必选
		学生满意率	必选

（续表）

分模块	子模块	指标	备注
专业教师	队伍建设	建设规划与措施	必选
		培养培训成效	必选
		考核、奖励	根据需要

注:指标选取后可灵活组合,子模块与子模块,指标与指标组合,以减少指标数量。

(三)指标选取与子模块保持一致

当子模块确定后,就要进行指标的选取。此时应注意,指标要与子模块保持一致,并注意多元性和内涵不重叠、不遗漏。例如,在师资数量与结构这一子模块下,应选取如表 9-4 所示的指标。

表 9-4 师资数量与结构的指标选取

师资数量与结构	人数	至少选其中 1 项
	师生比	
	学历结构	必选
	职称结构	必选
	专兼职比例	根据需要

注:指标选取后可以灵活组合,减少指标数量。

(四)指标合并运用与合理搭配

在具体的评估活动中,评估者有时会将指标内涵进行合并运用。那么指标与指标的搭配一定要合理恰当,符合一定的逻辑关系。以下是常见的几种搭配方法。

(1) 子模块与子模块核心内涵相搭配。例如,师资队伍模块中,专业教师分模块下有子模块"数量与结构""素质与能力"和"队伍建设",那么就可以将子模块中的"结构"与"素质"结合形成新的指标"专业教师结构与素质"。

(2) 子模块内指标与指标相搭配。例如,德育工作模块中,育人环境分模块下的一个子模块是"教育活动",该子模块下有"健康教育""安全教育""法制教育"3 个指标,那么就可以将"健康教育"和"安全教育"相搭配,形成"学校健康与安全教育"。

(3) 本子模块指标与其他子模块指标相搭配。例如,在评估师资队伍时,"素质与能力"子模块下有"教学水平"这一指标,"队伍建设"子模块下有

"培养培训"这一指标,评估者可将这两个指标相搭配,形成"师资水平与培养培训"这一新的指标。

（4）本模块综合性指标与其他模块综合性指标的搭配。例如,"师资队伍"与"学校管理"相搭配形成"师资队伍管理"指标。

第十章 中等职业教育资助体系研究

中等职业教育资助体系是实现我国教育公平,提高人民素质的重要途径。其资助体系的建立,有利于更多的人通过资助顺利完成学业。因此,对中等职业教育资助体系的研究具有重要的意义。下面就对中等职业教育资助体系的理论依据、中等职业教育资助体系的现状与问题、中等职业教育资助体系的改革实践进行详细论述。

第一节 中等职业教育资助体系的理论依据

中学生职业教育资助体系是一个十分复杂的系统,要想对这一体系进行深入的研究,首先要清楚其成立的理论依据是什么,也就是解决了"为什么"以及"怎么办"的问题。中等职业教育对学生的资助虽然从表面上来看属于一种经济行为,涉及一定的经济学的理论。但是,中等职业教育资助的目的却是促进教育的发展,这就又涉及教育学和伦理学的理论。下面就对中等职业教育资助体系的理论依据一一进行论述。

一、责任伦理论

中等职业教育资助体系包含着学生、政府以及社会三方面的活动主体,在进行学生资助时,资助者和受资助者的道德品行、思想观念等都对资助的结果产生一定的影响,这就与责任伦理论有着密切的关系。

(一)责任伦理论的含义

责任伦理论是由马克思·韦伯提出的,后由德国学者伦克对这一理论进行发展,并确定了理论的内涵。所谓责任伦理论,就是某人(责任主体)为了某件事(行为对象及行为后果)在某一主观面前(上帝、良心、社会、法庭、媒体等)根据某项标准(行为主体所处的情境)在某一行为范围内(相应的行为和责任领域)负责。① 责任伦理论关注的是行为所产生的结果,认为行为主体应该为自己的行为承担责任,进而在行动时更加理性和谨慎。具体包含三个层面的意识。

(二)责任伦理论的基本特征

1. 后果反馈性

一方面,责任伦理论认为,行为的目的就是追求善的结果,从而用善来消除现实中不良后果的影响,起着调节的作用;另一方面认为,要将对结果的预测作为其行为的道德评判的依据,进而减少不道德行为的发生。

2. 整体性

传统伦理学将个人行为以及与生活相关的道德原则作为其立足点,由于社会的发展,个人与整个社会整体相比更加渺小,个人行为很难在整体的社会行为中产生作用,这就要求个人行为为整体服务,体现个人对整个人类的责任和义务。

3. 远距离性

责任伦理论关注的并不是人现实的生活,而是关注人类未来的发展,体现对整个人类的责任和尊重。因此,无论是在时间上还是空间上都与人的当前生活有一定的距离。

(三)中等职业教育资助体系下的责任伦理论

1. 作为资助对象的责任伦理

学生是中等职业教育资助中的受资对象,因此,其在责任伦理论的观点中也有着不可推卸的责任和义务。学生主观能动性的发挥、自身的道德素质的状况等,都会影响资助的效果。

2. 作为资助主体的责任伦理

第一,社会主体。社会是整个人类生存的大系统,任何一部分出现了问题,都会影响整体的发展。处于弱势群体的受资助对象,如果不能改变其贫

---

① 刘幼昕. 学生资助制度的责任伦理研究[D]. 重庆:西南大学博士论文,2008.

困的状态,必然会影响到整个社会的发展。

第二,政府主体。政府对国家的人民负有一定的责任和义务,这就使其必须对处于贫困状态下的个人,特别是祖国未来希望的学生群体进行资助。这不仅体现了政府的伦理道德和责任,还是实现教育公平,提升国家实力的重要方法。

二、人力资本论

(一)人力资本论的形成

人类拥有劳动的能力,因此,作为劳动者的人,在某种意义上是社会资源的一部分,也需要一定的资本对其进行开发,进而形成人力资本。舒尔茨认为,人力资本的形成主要有 4 种途径:一是作为教育支出的资本,用来提升人类的素质和技能;二是作为劳动力彼此流动的支出,能够提高劳动效益,有效地进行劳动力的配置;三是作为医疗的支出,这是维系劳动力生命健康发展,提升其身体素质的必要支出;四是劳动力移民的支持,目的是增加入境国家的劳动力资源,减少出境国家的教育投入。

舒尔茨还认为,人力资本在长期的发展中受到了人们的忽视,而只注重传统的物质等资本。人力资本的投资能够增加生产力发展的潜力,应该是人类社会生产最为理想的投资,因此要注重对人力资本的投入。

(二)人力资本论的内涵

人类资本是一种重要的资源,其理论是经济学的核心。人力资本和一国国民经济的增长是成正比的。增加了人类资本的投入,就能获得更快的经济发展。而人类资本提升的核心就是人口质量的提高,这就需要加强对人的教育等投资,进而促进经济发展。

(三)人力资本论对中等职业教育资助的意义

对于中等职业教育对学生的资助而言,人力资本理论具有两方面的意义。一方面,人类资本理论使人们意识到对人的投资,特别是教育投资的重要性和价值,这就能够加大国家对中等职业教育贫困学生的资助力度,促进教学的发展;另一方面,人力资本论使更多的贫困学生有机会通过教育等的投资接受良好的教育,进而提升自身的能力,能够提升未来的生活水平,进而减小社会的贫富差距,促进社会的健康发展。

三、资源配置论

(一)资源配置论的含义

资源是人类开展各项活动所必须的物质基础。由于人类对资源的需求是无限的,而社会生产的资源确是有限的,这就使资源充斥着无限和有限的矛盾。这时就需要对资源进行合理的分配来不断满足人们的需求,进而实现对资源的配置。从公共经济学的角度出发,资源作为产品,不同性质决定了配置的不同形式。私人产品只能为个人所有,不发生经济上的利益,具有排他性;公共产品是为所有社会成员所共享的资源;准公共产品则是介于私人和公共之间的产品,需要人类通过竞争活动,能够产生外在的经济利益,也具有一定的排他性。

(二)中等职业教育的资源配置

从资源配置论的角度来看,我国的中等职业教育作为一种资源,对资源的拥有者有一定的限制名额和条件,还需要进行收费。但是中等职业教育培养的人才,最终还是要投入社会,为整个社会服务。因此,这些都说明中等职业教育的资源配置是一种准公共产品,它具有一定的排他性,但仍具有公共产品的属性。

1. 配置的原则

任何资源在进行配置时都要遵循一定的原则,中等职业教育也不例外,它表现在以下几个方面。

第一,坚持公平性的原则。任何资源在配置时都首先需要坚持公平性的原则,教育资源作为服务于社会的产品,更加应该坚持公平性。一方面,坚持公平就要分配好教育的投资比例和数额,对社会和经济的效益进行充分的考虑。合理的配置能够缩小社会收入的差距,进而实现社会公平。另一方面,它也要求在资源配置的过程中对弱势的贫困学生进行资助,让其获得平等的受教育权利。

第二,坚持低交易成本原则。要进行资源的配置,必然会产生产品交易的成本,这作为配置的资源损耗,应该尽可能地降低。

第三,坚持高效原则。资源配置的目的本身就是为了实现资源的合理利用,资源的合理利用也必然能够提高资源的利用率,进而产生最大的经济和社会效益。

2. 配置的方法

资源配置的方法主要有以下两种：一是计划型的配置，公共产品一般都是计划配置；二是市场型的配置，私人产品就属于市场配置。而中等职业教育作为一种准公共产品，就会采用计划和市场相结合的方法来进行资源配置。当然，我国的中等职业教育资源主要是掌握在政府手上，社会资源只占很小的一部分，因此，其资源配置是以计划为主，市场为辅的。

四、教育公平论

（一）教育公平论的概念

所谓教育公平，简言之就是社会公平理念在教育领域中的体现。但是，对教育公平的具体定义，众多学者、研究者等却有着自己的看法。有的认为，教育公平就是享有平等的教育机会，这既包括受教育机会的平等，还包括平等的接受高质量的教育；有的认为，教育公平是入学、受教育的过程以及结果的公平等。

因此，教育公平在不同的领域具有不同的表现形态。例如，在法律上是指人受教育权利的平等。在教学活动中是人人受到平等的教育待遇，具有取得学业成就和就业前景的同等机会。[①]

（二）教育公平论的原则

教育公平要坚持平等性、补偿性和差异性的原则。平等性就是受教育的权利和机会的平等，强调在教育的起点和过程的平等。补偿性是对弱势群体进行一定的补偿。这是由教育，特别是中等职业教育的准公共产品的性质决定的。差异性就是在享有教育机会和过程的平等前提下，根据个人兴趣、天赋以及能力的差异，而进行具体的教育资源的不同配置。

（三）教育公平和中等职业教育的相互关系

一方面，教育公平是中等职业教育内在发展诉求的体现。教育的公平体现了中等职业教育自身追求教育平等的要求。它使人们平等地拥有受教育的机会，同时对弱势群体进行一定的资助。另一方面，中等职业教育也促进了教育公平的发展。由于中等职业教育能够为人们提供较为平等的入学

[①]　石中英. 教育公平的主要内涵与社会意义[J]. 中国教育学刊,2008(3).

机会,还会对弱势群体进行一定的资助,这些都体现了教育公平的原则,进而促进了教育的公平。

(四)中等职业教育资助体系下的教育公平

在中等职业教育资助体系下的教育公平,要求对贫困、弱势学生进行一定的资助。通过对学生的资助,使没钱交学费或无力承担学习生活费的学生拥有像其他人一样的受教育的机会,并能在学习中将全部的精力投入到学习之中,进而提升自身的竞争力,缩小社会的贫富差距。

五、教育补偿论

(一)教育补偿论的含义

从教育补偿论的字面意思来理解,是对教育的不足或是消耗的一种补充。它具有以下两层含义:一是对教育正义的维护,也就是政府对弱势群体进行额外的教育补助,进而维护教育的公平正义;二是对教育的损耗进行补偿,即对社会的发展和改革过程中受到利益损害的群体进行教育上的弥补。由此可以看出,教育补偿的这两层含义是具有密切联系的,因为弱势群体一般都是因一定的社会改革而产生的。

(二)教育补偿论的主要内容

1. 补偿的对象

教育的补偿对象主要是社会上的弱势群体。所谓的弱势群体主要是指因国家在政治、经济、文化以及社会关系等方面的地位低下而导致教育机会的缺乏。弱势群体在不同时期,具有不同的内容体现。刘复兴将教育的弱势群体分成农村贫困人口、妇女、女童、少数民族、残疾人、下岗人员及子女、农村外出务工人员及子女、特殊家庭子女等。[①]

2. 补偿的原则

教育补偿的首要原则是坚持差异平等,即对弱势群体进行一定的差异化待遇,对其进行额外的资助。其次,还要具有针对性,它是专门针对那些渴望获得教育的弱势群体而言的。再次,要坚持教育补偿的效率性,这是保

---

① 选自《教育时报》。

证教育补偿发挥作用的必要原则。教育补偿只有坚持了这些最基本的原则，才能保证教育补偿获得理想的效果。

3. 补偿的方法

教育补偿针对不同弱势群体的不同情况，需要采取不同的补偿方法。

第一，救助性的补偿。目的是通过救助性的政策、措施的发布，使弱势群体脱离当前的困境，进而享有教育的权利。它是较为基本的补偿方法。

第二，保障性的补偿。它是政府对发展教育具有障碍的地区、学校以及个体，采取特殊的政策，进行教育项目的开发，以确保其教育权利的获得。

第三，帮扶性的补偿。它是政府组织或民间自发的对弱势地区的学校以及个体进行结对帮扶，可以是强势地区帮扶弱势地区，强势学校帮扶弱势学校，富裕家庭帮扶贫困家庭等。

第四，发展性的补偿。主要是政府针对弱势地区进行教育的开发，进而促进弱势地区教育的长期发展，使其获得发展教育的力量，提升竞争力。

（三）教育补偿的实践需求

首先，教育补偿是弱势群体发展的需求。教育补偿是一项针对弱势群体的教育措施，必然会对弱势群体的社会地位、经济以及教育权利等起到一定的维护作用。社会弱势群体渴望改变自身现状的强力渴望决定了其对教育补偿的巨大需求。

其次，教育补偿是社会发展进步的需求。社会的发展离不开各个社会成员自身的发展。教育作为社会的重要组成部分，其发展的好与坏直接影响着社会的发展前景。弱势群体是否接受了良好的教育，影响着社会公平的实现。因此，教育补偿便成为社会发展的必要手段。

最后，教育补偿是实现教育公平的要求。教育公平的实现，需要通过教育补偿的手段来实现。虽然，分数在一定程度上体现了社会的公平，但是从根本上说，教育补偿更能体现教育的公平与否。它关系到社会成员是否公平地拥有受教育的权利，是更为基础的教育公平的要求。

（四）教育补偿和中等职业教育资助的关系

教育补偿归根结底也是对教育资源的配置，是中等职业教育进行教育资源配置的一种形式。因此，教育补偿和中等职业教育资助具有内在的一致性。教育补偿表明中等职业教育进行学生资助的必要性，为其教育资助的事实提供了指导和依据。

第二节　中等职业教育资助体系的现状与问题

一、中等职业教育资助体系的现状分析

（一）中等职业教育资助体系政策的落实现状分析

1. 国家助学金政策的实行情况

在中等职业教育方面,国家学生的资助对象主要为所有农村与城市困难的学生,据统计,2010 年我国中等职业教育学校国家助学金受助的学生大约为 1 136.14 万人,资助金额为 166 亿元,中央预算资金为 8 022 亿元;按照受助学生的户籍分析,2010 年教育部门中农村户籍的学生占总受助人数的 85.09％,受助学生约为 747.52 万人,他们是中等职业教育学校国家助学金政策的主要受益群体;县镇非农业人口的学生占总受助学生的 7.95％,人数约为 69.88 万人;城市家庭经济困难的学生占受助学生总数的 6.96％,学生人数约为 61.56 万人,如图 10-1 和图 10-2 所示。①

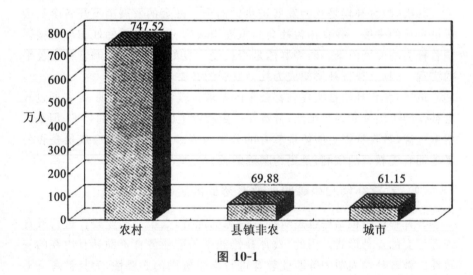

图 10-1

---

①　选自《全国学生资助管理中心》。

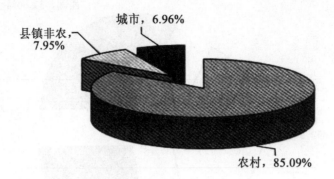

图 10-2

按受助学生的生源地分析发现,东部地区的生源学生大约为 242.94 万人,大约占受助学生总数的 27.65%;中部生源学生大约为 348.72 万人,占受助学生总数的 39.69%;西部生源学生 286.89 万人,约占受助学生总数的 32.66%,如图 10-3 和图 10-4 所示。

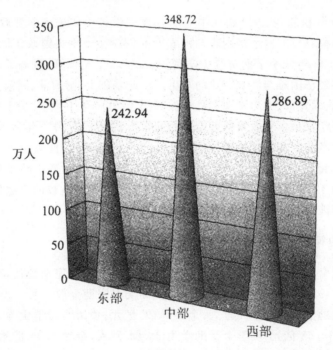

图 10-3

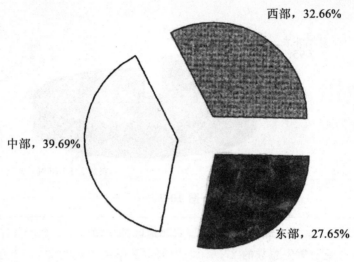

图 10-4

2. 免学费政策覆盖范围的扩大

2009 年秋起,我国开始在中等职业教育学校中实施免学费政策,其主要针对那些农村家庭经济困难与涉农专业的学生。中央财政于同年 12 月下达了 2009 年秋季学期享受免学费资金的 24 亿元预算,覆盖了 400 多万名农村将经济困难与涉农专业的学生。在此基础上,财政部、国家发展和改革委员会、教育部、人力资源和社会保障部于 2010 年下发了《关于扩大中等职业教育学校免学费政策覆盖范围的通知》,其决定自 2010 年秋季学期起,城市家庭经济困难的学生也被纳入了免学费的范畴,以此吸引更多学生与社会青年接受中等职业教育。据统计,2010 年,中央财政下达了免学费资金总共为 42.73 亿元,惠及了 440 万名中等职业教育学校的家庭经济困难的学生与涉农专业的学生。

3. 中等职业教育其他资助政策的落实情况分析

根据全国中等职业教育学校学生管理信息系统不完全统计,在其他类型资助中,减免学费受助人数为最多,顶岗实习资助金额最大。2009 年,减免学费受助学生为 59.74 万人,金额 9.28 亿元;顶岗实习学生为 37.69 万人,金额 15.43 亿元;奖学金受助学生 30.61 万人,金额 1.96 亿元;学校助学金受助学生 32.65 万人,金额 1.41 亿元;企业助学金受助学生 1.29 万人,金额 0.2 亿元;助学贷款受助学生 0.09 万人,金额 0.03 亿元;其他资助受助学生 15.78 万人,金额 1.17 亿元;社会助学金受助学生人数为 0.8 万人,受助金额为 0.13 亿元。另外,据不完全统计,2009 年中等职业教育学校顶岗实习学生 37.69 万人，占其他类型资助受助学生的 21.10％，金额 15.43 亿元，占其他类型资助资金比例的 52.11％，如图 10-5～10-8 所示。

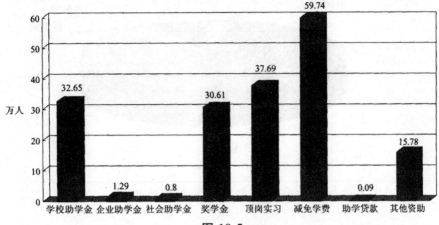

图 10-5

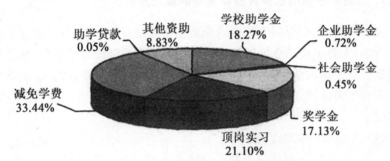

图 10-6

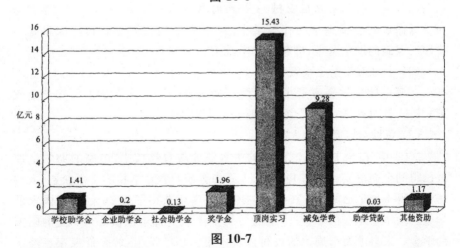

图 10-7

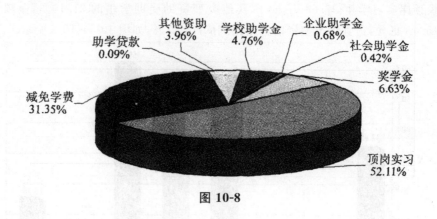

图 10-8

（二）地方中等职业教育资助体系的现状分析

1. 上海市中等职业教育资助体系的现状分析

当前阶段,在中等职业教育的资助体系建设方面,上海市已形成了由国家助学金、上海市奖学金等助学政策所共同组成的资助政策体系,其主要针对家庭经济困难的学生,目前助学覆盖面为100%。简而言之,这也就是说每名在校生都是国家助学金政策的受益者,而那些品学兼优的学生还可享受奖学金。

（1）上海市国家助学金政策

一般而言,上海市的国家助学金政策主要包括有两方面内容:其一,全员资助政策;其二,对来自农村、上海市海岛(崇明、横沙和长兴岛)的学生与城乡低保家庭经济困难的在校学生(以下简称"农村、海岛和低保家庭学生")所实施的助学政策,即帮困助学政策。

（2）上海市奖学金政策

上海市的奖学金政策主要有两方面内容:其一,优秀学生的奖学金政策;其二,针对就读"专业奖励"专业的学生奖励政策。

（3）资助金额及资助人数

2008年,在全上海市范围内的中等职业教育学校中,国家的助学金政策已得到全面落实。全市共有约18万中等职业教育学校的学生获益,人均每年获得1 856元资助。其中,约有18万学生获得了3.06亿元的国家助学金。除毕业年级的学生外,上海市为全体学生每年提供1 000元的国家助学金。来自上海市周边的农村以及本市海岛的学生、城乡低保家庭经济困难的学生,针对这群特殊人群,除了上述的步骤外,还对其补助学费与书本费,生均每年获得 3 100~4 500 元助学金。另外,约有 1.8 万学生获得了 0.33 亿元上海市奖学金。

针对那些报考上海市社会经济发展急需的紧缺专业的应届初中毕业生,政府还对其进行专业奖励,生均每年获得 1 600~3 000 元的奖励;还对 1 万名特别优秀的学生提供上海市的奖学金,生均每人获得 500~1 500 元的奖学金。除此之外,还对在上海市就读的 1.54 万外省学生提供了 3 412 万元的资助。在中西部地区的学生中共有 9 330 人共获得了 2 358 万元奖学金,占外省市学生的 61%。

2. 新疆维吾尔自治区中等职业教育资助体系现状分析

2007 年秋,新疆维吾尔自治区设立了中等职业教育学校助学金,其主要对象为全日制在校一、二年级所有农村学生、县镇非农户口学生,以及城市家庭经济困难的学生。据统计,生均每年获得 1 500 元的资助,三年级的学生通过工学结合、顶岗实习等获得一定报酬,用以解决生活费问题。国家还鼓励地方政府、行业企业和社会团体等设立中等职业教育学校助学金与奖学金。此外,学校还必须从事业收入中拿出 5% 的经费对家庭经济困难的学生进行资助。

新生与二年级的学生可在新学年开学的第一周,向学校提出中等职业教育国家助学金的申请,农村学生必须提供户籍证明,而城市学生则要提供家庭经济困难情况的证明材料,由学生所在的中等职业教育学校进行审批并在校内公示,5 天后还必须报请有关部门审批。一般情况下,学校耍在学生入学一个月内将助学金落实,中途退学的学生,学校将停止其助学金的发放。

据相关数据统计表明,我国新疆维吾尔自治区的中等职业教育每年招生大概保持在 10 万人左右,在这中间,农村生源大约占总生源数的 80%,这些实用型的技能人才在我国新型工业化的发展道路中发挥了非常重要的作用,是稳定基层就业与生产一线的重要生力军。

2010 年,按照我国新疆维吾尔自治区中等职业教育发展实际所需资金额度的 70%,中央在该地区的中等职业教育上拨付了 9 115 万元的国家助学金。

二、中等职业教育学生资助存在的问题分析

(一)资助面宽泛,管理不到位

第一,在我国,中等职业教育国家助学金实行学校法人代表负责制,其中校长为第一责任人,对中等职业教育学校的助学工作负第一责任,因此,

学校必须制定关于本校国家助学金的实施管理办法,并设立专门的机构与专职人员负责助学工作的顺利开展;第二,学校还要建立专门的档案资料,将学生的申请表、受理结果以及资金发放等有关凭证与工作情况分年度进行档案搜集管理,以备日后查看;第三,各级财政、教育部门必须加强对国家助学金的相关管理,在中等职业教育学校方面,我国的国家助学金要实行专款专用、专账核算,同时还必须接受审计、监察部门与社会等多方面的监督检查;第四,国家还必须建立一套规范、在全国范围内统一的中等职业教育学校学生的信息管理系统,进行统一电子注册,从而为中等职业教育学校国家助学金的发放与管理提供支持;第五,对那些弄虚作假、套取财政专项资金,或挤占、挪用、滞留国家助学金的行为,相关部分将直接追究第一责任人与相关领导的责任;第六,财政部、教育部还要对中等职业教育学校中面临家庭经济困难学生的受助情况进行调查,并对那些成绩突出的地区与学校予以表彰。

新的资助政策所涉及的面越来越广,惠及亿万大众,因此必须确保各项自主政策与措施公正、公平地落到实处,同时还要付出不懈的艰苦努力。在当下阶段,国家对中等职业教育学校的学生虽然有着较为严格的管理规定,但基于现实的一些问题,如资金投入大;政策性强;资助面宽泛;涉及范围广;受助对象人数众多;学生基本属于学习上的弱势群体,家庭经济背景也较复杂等,再加上一些中等职业教育学校自身财务管理机制不健全等原因,因此,整个资助管理工作很难做到监管到位。

(二)一些地区与学校政策落实不到位

由于一些地区的中等职业教育学校国家助学金拨款机制不健全,地方财政配套的资金不到位,从而导致国家助学金发放不及时、不足额的情况。

(三)部分地区的管理队伍建设不到位

到 2009 年底,全国范围内的各省基本已建立了省级学生资助管理机构,而地市、县级的资助机构建设则比较缓慢。全国仅有大约 30%的地市设立了资助机构并解决了人员编制的问题,而将近 50%的地方有机构却无编制,而 20%的地市则既无机构也无编制,全国范围内有近 30%的县市不仅设立了机构,同时还解决了人员编制的问题,大约有 40%的县市存在有机构无编制的现象,而 30%的县市则既无机构又无编制。

(四)部分地区的学籍管理不到位

就目前的情况而言,依旧有部分地区的学籍管理存在不到位的问题。其具体表现在以下几个方面。

其一,部分地区在中等职业教育学校招生过程中和学籍注册管理过程中出现监管不严的情况,从而为一些学校套取国家助学金创造了条件。

其二,对已经流失的学生,其学籍却未能得到实时监控,从而使部分学校有机可乘,套取已流失学生的国家助学金。由于中等职业教育学校学生的流动性较大,尤其是一些办学条件较差的学校,普遍存在学生退学、休学、转学的现象,然而学籍管理部门却未能及时对流失学生的信息进行注销与管理,使得一些学校乘机套取国家助学金。

其三,在中等职业教育学校中,由于学生"双重学籍"的现象较为严重,因而造成统计上的重复,进而使得国家助学金预算额度大于实际的发放额度,导致预算资金结余情况的出现。

第三节　中等职业教育资助体系的改革实践

从上述内容我们了解到,我国中等职业教育资助存在着一些问题,需要对其进一步改革。这就要求我们首先对我国的中等教育资助体系进行了解,然后再对体系存在的问题提出改革的具体措施。

一、中等职业教育资助体系概述

我国的中等职业教育资助体系存在着多种资助制度,其中国家助学金的资助制度是较为主要的资助形式。下面先对资助体系的构成进行系统介绍,再对国家的助学金政策进行详细论述。

(一)中等职业教育资助体系构成

下面对中等职业教育资助体系构成中除国家助学金政策外的其他资助制度进行论述,具体表现在以下几个方面。

1. 中等职业教育资助体系的学生顶岗实习制度

中等职业教育实行学生顶岗实习的制度,指的是学校根据教学计划的安排以及专业培养目标的具体要求,组织中等职业教育学校的三四年级的学生到不同企业等用人单位进行一线的生产和服务等实习,将工作和学习结合起来。它是资助贫困学生的重要手段,也是中职学校的一项重要的人才培养模式和制度安排。

2. 中等职业教育资助体系的减免学费政策

2009 年，国家发展和改革委员会、财政部、教育部以及人力资源和社会保障部，依据十七届三中全会和《政府工作报告》中大力发展职业教育的精神指示，下发《关于中等职业学校农村家庭经济困难学生和涉农专业学生免学费工作的意见》，决定对经济困难的农村家庭以及涉农专业的学生免收学费。免收学费，是国家为了提升全民的整体素质的重要举措，它实现了社会的公平和稳定，一定程度上缩小了社会的差距。

3. 中等职业教育资助体系的学生助学贷款制度

在 2006 年以前，我国的助学贷款政策主要是以高等教育的学生为主要对象，之后逐渐向各个教育类型实施起来。国家助学贷款是国家通过一定的金融手段来对教育进行资助的政策体系，通过以无担保、低利息的方式让经济困难的学生正常地完成学业，也是中等职业教育的资助方式之一。它具有以下特点：①学生还款能力的不确定性；②回收贷款本息的长期性；③无抵押、无担保；④贷款的成本较高，具有众多的审批程序；⑤兼具政策性和经营性。

此外，我国中等职业教育还存在着学生奖学金的制度、学费减免制度等不同的资助形式，它们共同构成了我国的中等职业教育的资助体系。

(二)中等职业教育国家助学金政策

1. 中等职业教育国家助学金政策概述

中等职业教育的国家助学金政策有着不同于其他资助制度的特点，其中最明显的就是单纯以学生的经济状况作为资助依据，没有其他附加条件的无偿资助。它真正体现了教育的公平，是资助体系的重要代表。

(1)中等职业教育国家助学金政策的形成

首先，从中等职业教育国家助学金政策产生的背景来看，它是我国落实"三个代表"重要思想，落实科学发展观，实现社会主义的和谐社会等发展的需要。中等职业教育作为促进国民经济发展，促进社会公平和稳定的重要手段，一直以来都受到国家的重视。《中华人民共和国职业教育法》就明确提出："国家支持企业、事业组织、社会团体、其他社会组织及公民个人按照国家有关规定设立职业教育奖学金、贷学金，奖励学习成绩优秀的学生或者资助经济困难的学生。""十一五"中央财政作出 5 年拨款 40 亿元的决定，主要用于中等职业教育的贫困学生的助学资助。2009 年，中央财政拨出 24.7

亿元的巨资来作为中等职业学校国家助学金,还有 5 000 万元用于提高教师素质的专项资金。2013 中央财政拨款共计 805.43 亿元用于我国学生的资助,其中中等职业学校的学生资助金额高达 294.62 亿元,比上一年增加了 9.19 亿元,增长幅度是 3.22%。

其次,为了贯彻《关于大力发展职业教育的决定》的精神,中共中央及教育部出台了各种支持政策。国务院在 2007 年为解决经济困难学生的学业问题,制定了《中等职业学校国家助学金管理暂行办法》,进而推行了新的资助政策,对贫困学生进行资助的目标、原则以及主要内容等做了明确的要求。劳动保障部以及财政部又于 2007 年的 6 月,发布《关于做好技工学校国家助学金发放管理工作的通知》和《中等职业学校学生实习管理办法》,进一步落实和明确了中等职业学校的学生资助新政策。2007 年财政部以及教育部印发了《中等职业学校国家助学金管理暂行办法》的通知,进一步加强了对中等职业教育助学金的管理。2012 年,经国务院同意,财政部、教育部、国家发展改革委以及人力资源社会保障部就做好扩大中等职业教育免学费政策的范围、进一步地完善我国的国家助学金制度的相关工作而提出扩大中等职业教育免学费政策范围以及进一步完善中等职业教育国家助学金制度等要求。2013 年 6 月则根据上述要求,印发了《中等职业学校国家助学金管理办法》的通知,进一步明确了中等职业国家助学金的管理。

(2) 中等职业教育国家助学金政策的内容

中等职业教育国家助学金政策的内容包括助学金资助的主要对象,资助的标准、助学金的管理、发放以及监督 5 个方面。

① 享受中等职业教育国家助学金政策的学校,主要是开展中等职业教育学历的各种职业学校,包括民办以及公办的成人中专、普通中专、职业技术学院所附属的中专部、技工学校、中等职业学校以及职业高中等。其资助的学生对象则为一、二年级的城市家庭贫困、县镇的非农户口以及农村户籍的学生。

② 中等职业教育的资助标准是学生每年每个人 1 500 元。

③ 中等职业教育资助的奖学金管理办法,主要是通过教育部与财政部在 2007 年印发的《中等职业学校国家助学金管理暂行办法》进行规定的。其明确财政部和教育部对助学金的管理权力,由各学生资助管理机构负责具体的实施。财政部和教育部又在 2007 年的 8 月,印发《关于要求县级教育行政部成立学生资助管理中心的紧急通知》,规定所有的中等职业学校都要成立专门的资助机构来负责学生资助的具体管理。

④ 中等职业教育国家助学金的发放是按月进行的,具体流程如下:第一,学生填《中等职业学校国家助学金申请表》;第二,学生在开学时提交申请表和相关的证明材料;第三,学校受理申请,并审查学生资格;第四,学校

初审;第五,拟资助的学生名单报相关部门进行审批;第六,为受助学生办储蓄卡,并在一个月内将国家助学金发放到位。当然,为学生办理储蓄卡,是不能收取任何费用的。①

⑤ 中等职业教育国家助学金的监督,可以通过中等职业学校的助学体系信息管理子系统以及学生资助档案的建立等方式来实现。同时,还需要财政部与教育部加强对其的管理。

2. 中等职业教育国家助学金政策保障

中等职业教育的国家助学金政策的根本保障是使其在制度上不断地进行规范,促进其不断地发展和完善。

(1) 促进中等职业教育国家助学金政策的规范化

教育部、财政部以及人力资源和社会保障部,为了做好中等职业教育的国家助学金的发放和管理工作,于 2008 发布了《关于进一步加强中等职业学校国家助学金发放管理工作的通知》,要求中等职业教育机构加强自身的管理,提高国家助学金管理队伍的管理能力水平;并对中等职业教育学校的办学资格进行了审查,加强对其学籍以及学历的监督和管理;并对中等职业教育助学金资助过程中的违法乱纪行为进行严格的审查和处理,建立赏罚机制。这就使得中等职业教育的国家助学金政策得到一定的规范。教育部于 2010 年发布的《关于开展中等职业教育国家助学金和免学费政策落实情况检查工作的通知》,决定对中等职业教育的助学金发放和管理工作进行检查,进而进一步地促进了中等职业学校的国家助学金政策的规范。

(2) 促使中等职业教育国家助学金政策的新发展

中等职业教育的国家助学金政策的新发展表现在资助学生"中职卡"的发放。财政部、教育部以及人力资源和社会保障部等,为了保证国家助学金政策在中等职业教育学校的实施效果,确保学生获得资助,和中国人民银行进行充分的调查和研究,最终决定推出中职学生资助卡("中职卡")。它将银行卡所具有的优势与国家助学金的发放联系在一起,能够保障资助学生的切实利益,有助于落实国家的助学金政策,促进了教育以及社会的公平,促进了中等职业教育的进一步发展。

3. 中等职业教育国家助学金政策完善

(1) 提升监督和管理的灵活性

提升监督和管理的灵活性,需要对助学金的申请、领取等程序进行一定

---

① 黄尧.职业教育学——原理与应用[M].北京:高等教育出版社,2009.

的简化,在监督和管理上增加强度。一方面,通过全国的信息系统以及学生的学籍、档案管理等来加大监督;另一方面,要采取灵活的助学金发放管理等,如不具备银行取款功能的学生,可采用现金、家长领取等方式。其目的是使助学金更为人性化,更好地为学生提供服务。

(2)促进资助体系和投入模式的多元化

我国目前的中等职业教育的助学金主要依靠政府的投入,这就使得助学金具有一定的局限性。同时,中等职业教育的培养目的是给所在地区和企业提供人才,是为其服务的。因此,地方政府和学校应该开发多种多样的学生资助体系,寻找更好的资助资金的投入,进而使更多的学生享受资助政策,顺利地完成学业。

(3)加大对弱势群体的倾斜力度

虽然助学金需要体现公平,但它的本质目的还是为贫困学生服务的,这就要求助学金政策要尽可能多地向贫困的弱势群体倾斜,以完成其使命。

(4)对成人中等职业教育的资助

我国中等职业教育在招生对象的范围上是十分广泛的,因此,就有许多希望实现就业的成年人加入到中等职业教育中去。这些成年人多是乡下务农人员,生活水平低下,生活贫困,条件艰苦,因此要对成年人进行资助,帮助其获得技术,进而改变自己的命运。目前,我国已经有一些省市尝试着进行了成人中等职业教育的资助。例如,山西省采取的每人每年600元的资助政策。

(5)增加对第三学年学生的资助

我国的助学金只发放给中等职业教育的一、二年级的学生,但是我国的中等职业教育学校多是3年制有的甚至是4年制的,这就增加了学生第三年上学的压力。虽然我国会在中等职业教育的第三年实行顶岗实习的政策,但是学校反而需要付出更高的教育成本,而学生只能获得较低的报酬,这就造成了中等职业教育水平的下降。

(6)向中等职业教育的免费政策过渡

中等职业教育是一项促进就业、惠及面比较广的实用教育,它对整体人民的素质有着更为明显的、直接的影响。因此,我国十分重视职业教育,特别是中等职业教育。要想实现中等职业教育的全面发展,实行免费政策是必由之路。只有这样,才能实现公民普及性地参与中等职业教育。

二、我国中等职业教育资助体系的改革

我国中等职业教育资助体系的改革,是为了促进中等职业教育资助工

作的顺利进行,这就涉及中等职业教育资助在资助管理、资助标准以及学籍管理等多方面的内容。这里就改革的 3 个主要方面进行论述。

(一)资助管理的改革

对中等职业教育资助进行的管理,关系到国家的资助政策是否落到实处,是否真正起到帮助学生顺利完成学业的作用。其问题的来源主要是对国家的资助政策执行得不够彻底,在解决的过程中也要从政策执行的这一角度出发。

1. 政策执行存在的问题

第一,相关的政策法规不够健全和完善。虽然,我国有关中等职业教育方面的法律法规并不少,但是,它们存在着不均衡的状态。政策法规对中等职业教育的规定比较多,但对学生资助方面的规定则比较少。这就容易使中等职业教育在落实资助政策时产生漏洞,也就难以使资助学生的合法权益获得保障。

第二,教育管理体制不够健全和完善。中等职业教育在管理体制上的不够健全和完善,使其运行起来极为不流畅,这就影响了中等职业教育资助政策的实施效果。

第三,对资助资金的发放和管理不到位。这是中等职业教育资助管理存在的最根本问题。中等职业教育的学生不同于普通的学生,既包括初中毕业的学生,还包括高中甚至社会人员、务农人员等。这就使得学生在流动性上比较大,管理起来也比较困难。因此就很容易出现资助资金发放和管理不到位等情况。

第四,受资助者在权利和义务上的不对等。中等职业教育中的个别受资助学生,把国家的资助看成是理所当然的事情,甚至在学习的过程中不思进取,不愿意承担相应的社会责任,在毕业后为社会作出贡献。

第五,资助过于平均化。虽然资助的平均化看似注重了公平,但在实际上,却是一种不公平的表现。学生,特别是贫困学生,其贫困程度是不尽相同的,因此,在具体的资助上也需要做出不同程度的倾斜,以达到帮助学生顺利完成学业的目的。

2. 资助管理的改革建议

第一,完善中等职业教育资助的法律法规建设。这就要求国家在制定中等职业教育的相关法律时,着重考虑中等职业教育资助管理方面的法律法规。例如我国修订的《中华人民共和国职业教育法》,就明确规定了中等职业教育学生资助在教育中的重要作用和地位。这有利于中等职业学校形成健全、完善的配套中职资助的法律、法规以及政策等。

第二,有针对性地采取资助的政策与措施。这就需要在中等职业教育资助的实践中因地制宜地采取措施,根据不同地区经济和社会的发展情况,决定资助的力度和管理上的程度。例如,有些欠发达的地区,就十分迫切地需要政府的资助,而在经济发达的地区,这种需要就显得不那么迫切了;在广大的农村地区,知识水平低,生活条件差,急需政府的资助来改变自身命运,而城市则经济发达,教育普及率也较高,很少出现这种情况。

第三,建立长效经费保障体制。我国的资助政策,特别是国家助学金的政策,是政府财政作为经费的主要来源。因此,中等职业教育资助体系的形成离不开政府的支持。这就需要政府建立一个能够长期发挥实效、具有稳定性的资助经费的保障体制。调节好中央和地方财政的资助比例、提高对资金的管理等。

第四,完善教育管理体制。中等职业教育学校要做好本校的教育管理工作,完善管理体制。这是保证资助政策能力切实良好的落实的关键,只有学校自身在管理上运行流程,各方面的沟通比较和谐、融洽,才能有条不紊地开展资助的相关工作。

第五,将资助标准差异化。我国各地区在经济的发展水平、物价水平等都存在着很大的差异,这就决定了资助的标准在各个地区也应该有所差异,进而能够对政府的财政拨款进行合理的利用,实现教育的公平。

(二)资助标准的改革

我国的国家助学金现在实施的是每个学生每年 1 500 元的标准,能够基本解决学生的上学和生活问题。但是,现有的资助标准仍存在着一些问题,如不同地区、不同学生在资助标准上的差异化的问题等,都需要进一步的改革和完善。

1. 资助标准存在的问题

第一,入学后申请资助的不便利性。我国中等职业教育在资助政策上实行的是先入学后资助的方式。这就会给很多交不起学费的贫困学生带来许多的不便。最大的问题是,学生通常无法准确地了解到学校的资助政策,不能确定自己能否获得资助,这就不利于学生的成功入学,也就在一定程度上影响了教育的公平。

第二,资助标准的无差异化。无差异化的资助标准,难以体现出不同地区以及家庭在经济上的不同困难程度,而对其实行统一的标准,这就无法真正地解决有些家庭在经济上的困难,无法满足学生顺利完成学业的愿望,进而导致资助的分配缺乏公平。

第三,无量化的指标体系。这就使得资助工作中对资助对象的认定存在着一定的困难,很难准确地了解学生家庭的经济状况,对学生的真实需要进行反映,难以实现资助体制的透明化,进而影响了教育的公平。

2. 资助标准的改革建议

第一,增加资助的投入,完善资助政策。中等职业教育在资助标准上出现矛盾和问题的一部分原因是资助资源的缺乏,它难以满足众多的贫困学生获得资助的需要。因此,政府要增加对中等职业教育资助的投入,并在此基础上对资助的政策进行完善,以使资助的标准和政策满足中等职业教育和学生的需要。

第二,根据地区经济调整资助标准。在不同的地区实施不同的资助标准。有的地方消费水平比较高,生活成本和学习成本自然也会相对较高。这就需要国家在整体的资助政策上进行把关,实现不同地区在资助标准上的差异性。这是更高一级的,具有整体意义上的教育公平。

第三,根据不同家庭调整资助标准。要求对不同贫困程度的学生进行资助标准的不同程度倾斜。这就需要对学生的家庭情况进行了解,分出学习上的非贫困生、贫困生以及特困生,将资助的对象放在后两者,特别是后者身上。这样才能将资助资源进行合理的配置,真正实现教育的公平。

第四,建立资助的标准体系。标准体系的建立是能够对学生所在家庭的物理资源、人力资源、自然资源、财力资源和社会资源等进行反映,进而对学生的整体经济状况进行较为准确的反映,了解学生对资助的需要程度,减少了政府和学校在学生资助上的工作量,保障了资助的公平。

第五,扩大投资的主体,对投资分担的比例进行调整。随着我国中等职业教育的发展,学生人数的增加,单纯依靠政府进行资助显然是不能满足日益增长的贫困学生人数的需要。因此,需要动员社会各界,加入到对中等职业教育的资助行列之中。社会团体、企业、个人以及民间机构等,是社会的重要组成部分。实力雄厚的社会力量加入资助的主体,在很大程度上增加对中等职业教育的资助力度,进而进一步地实现社会和教育的公平,实现中等职业教育的发展。

参考文献

[1]吴德刚.中国教育改革发展研究[M].北京:教育科学出版社,2010.

[2]周洪宇.教育公平论[M].北京:人民教育出版社,2010.

[3]陈孝彬.教育管理学[M].北京:北京师范大学出版社,1999.

[4]贺祖斌.职业教育管理[M].北京:北京师范大学出版社,2010.

[5]黄永年.韩愈诗文选译[M].南京:凤凰出版社,2011.

[6]韩进之.教育心理学纲要[M].北京:人民教育出版社,2005.

[7]马建富.职业教育学[M].上海:华东师范大学出版社,2008.

[8]黄克孝.职业和技术课程概论[M].上海:华东师范大学出版社,2001.

[9]纪芝信.职业技术教育学[M].福州:福建教育出版社,2002.

[10]李蔺田.中国职业技术教育史[M].北京:高等教育出版社,1994.

[11]姜大源.职业教育学研究新论[M].北京:教育科学出版社,2007.

[12]姜大源.职业学校专业设置的理论、策略与方法[M].北京:高等教育出版社,2002.

[13]黄育云.职业技术教育在中国[M].成都:电子科技大学出版社,2004.

[14]李向东,卢双盈.职业教育学新编[M].北京:高等教育出版社,2005.

[15]闻友信,杨金梅.职业教育史[M].海口:海南出版社,2000.

[16]刘春生,徐长发.职业教育学[M].北京:教育科学出版社,2002.

[17]吕育康.职业教育新论[M].北京:经济科学出版社,2001.

[18]王荣发.职业发展导论[M].上海:华东理工大学出版社,2004.

[19]孟广平.当代中国职业技术教育[M].北京:高等教育出版社,1993.

[20]刘合群.职业教育学[M].广州:广东高等教育出版社,2004.

[21]马建富,宦平.职业教育开发农村人力资源功能的探讨[J].职业教育论坛,2004(9).

[22]刘春生,马振华.发达国家职业教育发展趋势述略[J].职业教育论坛,2003(21).

[23]孙琳.职业教育的发展空间分析——兼论职业教育功能的转变与

适应[J].职业技术教育,2002(7).

[24]李孔珍.近年来我国职业教育政策发展解析[J].教育与职业,2006(12).

[25]丁在刚.新形势下职业院校德育工作的探索[J].河南职技师院学报,2000(5).

[26]张文华.现代职业教育管理初探[J].中国现代教育,2005(11).

[27]职业教育编辑部.我国职业教育的办学和管理体制基本情况[J].职业技术教育,2001(30).

[28]谈松华.新时期德育的若干特征[J].中国教育学刊,2001(1).

[29]李伟涛.我国教育管理体制改革三十年述评[J].上海教育科研,2008(10).

[30]范唯.探索现代职业教育体系建设的基本路径[J].中国高教研究,2011(12).